Heribert Fischedick
Von einem, der auszog, das Leben zu lernen

Heribert Fischedick

VON EINEM, DER AUSZOG, DAS LEBEN ZU LERNEN

Glaube und Selbstwerdung

Kösel

Dieses Buch widme ich allen,
die mich auf meinem Weg begleiten,
und allen, die ich auf ihrem Weg begleiten darf,
besonders meiner Pfarrgemeinde Heilig-Geist
in Meerbusch-Büderich und meinen
Patenkindern
Marco, Anne und Ruth

CIP-Kurztitelaufnahme der Deutschen Bibliothek

Fischedick, Heribert:
Von einem, der auszog, das Leben zu lernen :
Glaube u. Selbstwerdung / Heribert Fischedick.
– München : Kösel, 1987.
ISBN 3-466-36272-5

© 1987 by Kösel-Verlag GmbH & Co., München.
Printed in Germany. Alle Rechte vorbehalten.
Gesamtherstellung: Kösel, Kempten.
Umschlag: Günther Oberhauser, München, unter Verwendung einer
Seidenmalerei von Annette Rischer, Geldern.
ISBN 3-466-36272-5

Inhalt

Unser Leben: ein einziger Roman
von der Schwierigkeit, glücklich zu sein.
An seinem Horizont: DU,
dem alle Dinge möglich sind,
auch unser Glück.

Kurt Marti

auferstehung
tödlich
zum Glück
durch trümmer

Wilhelm Willms

Vorwort

Die zunehmende seelische Not des Menschen unserer Tage ist unverkennbar. Auf der einen Seite erlebe ich, daß sich immer mehr Menschen der Entfremdung ihres Lebens durch sie beherrschende Kräfte bewußt werden und Rat und Hilfe suchen, wie sie zu einer Lebensgestaltung finden können, die ihnen innere Zufriedenheit und befriedigende menschliche Beziehungen ermöglicht. Auf der anderen Seite sehe ich, daß immer weniger Menschen dem Glauben und der Kirche zutrauen, ihnen bei diesem Problem eine Hilfe zu sein. Zu viel Moral und zu wenig Lebenshilfe, zu viel Verdächtigung und zu wenig Ermutigung zur eigenen Entwicklung, so erfahren sie Glaube und Kirche. Ihr Mißtrauen ist nicht unberechtigt.

Ich möchte deshalb dieses Buch als eine doppelte Einladung verstehen:

als Einladung, sich auf den Weg zum eigenen Selbst zu begeben und diesen Weg trotz aller damit verbundenen Schwierigkeiten zu wagen, um in der Verwirklichung der eigenen Identität die Grundlage von innerer Zufriedenheit und von befriedigenden Beziehungen zu entdecken;

und als Einladung, sich neu auf die überlieferten Bilder und Hinweise des Glaubens einzulassen, trotz aller negativen Erfahrungen mit der institutionalisierten Kirche, weil in diesen Bildern das Typische und Wesentliche menschlicher Selbstwerdung enthalten ist und sie einen Gott offenbaren, der jenseits aller Moral zum Leben befreit.

I
Glaube und Selbst-
verwirklichung

1. Die Angst der Kirche vor dem Selbst

Vorstellungen, Ziele und Methoden der Psychotherapie sind seit dem Entstehen dieser Wissenschaft von der Kirche immer mit großem Mißtrauen betrachtet worden. Zu tief saß ihr offenbar der Schock in den Gliedern, der von Freuds rigoroser Kritik der Religion ausgelöst worden war. Sah er doch in der Religion ein Produkt, gezeugt und genährt von kindlichen Wunschvorstellungen, das dem einzelnen die Ausarbeitung einer eigenen Neurose erspare, da sie ihm in ihren Dogmen und Riten ein in sich neurotisches System zur Verfügung stellt. »Daß ein ganz und gar gottloser Jude es fertig brachte, die heiligsten Güter der Nation einer ätzenden und scharfen Kritik zu unterziehen, verbot es einem Theologen eigentlich von selbst, sich mit dieser Wissenschaft näher einzulassen.«[1] So wurde und wird überwiegend mit heftiger Abwehr auf Analysen der Psychotherapie reagiert, eine Reaktion, die deutliche Anzeichen von Angst trägt. Zu sehr unterscheiden sich anscheinend die Ziele von Psychotherapie und Seelsorge, als daß eine Kooperation oder gar gegenseitige Durchdringung in Frage käme. Denn während die Psychotherapie dem einzelnen helfen will, Schranken zu überwinden, die ihm seine Erziehung und die gesellschaftlichen Standards setzen, will die Theologie ihm Grenzen weisen und ihn auf die Einhaltung bestimmter Normen verpflichten. Während die Psychotherapie den einzelnen in die Lage versetzen will, selber zu entscheiden, beharrt die Theologie auf ihrer Entscheidungskompetenz und verlangt Gehorsam. Während der Therapeut sich als Anwalt des individuellen Glücks versteht, notfalls gegen die Interessen der Allgemeinheit, vertritt der Theologe das Allgemeinwohl, notfalls gegen das individuelle Glück. Während die Psychotherapie den Menschen befähigen will, Lust ohne Schuldgefühle zu genießen, will die Theologie vor der verderblichen Wirkung einer solchen Einstellung warnen und statt dessen Verzicht als Gewinn empfehlen.

Überhaupt weckt der befreiende Ansatz der Therapie Ängste vor einem schrankenlosen Libertinismus, in dem jeder nur noch das tut, wozu er Lust hat, ohne nach dem anderen zu fragen. So wird die Unmoral der Therapie beklagt, die als Erfolg feiere, was den Seelsorger erschrecken läßt, die Auflösung einer Ehe z. B. oder die Rebellion eines Jugendlichen gegen sein Elternhaus. Die Emanzipation, ein Ziel, dem sich die Psychotherapie verpflichtet weiß, ist allein schon vom Wort her gefühlsmäßig hoch vorbelastet, wurde doch von der traditionellen Theologie in der Emanzipation, dem Willen, sich selbst zu bestimmen, die Ursünde schlechthin gesehen. Ähnlich belastet ist der Begriff der Selbstverwirklichung. Er gilt als Inbegriff dessen, was der Norm des Evangeliums zuwiderläuft und verantwortlich ist für den Zerfall der Kultur und des Glaubens. Zahlreich sind die Beispiele, die zum Beweis angeführt werden. Ob es der Ehepartner ist, der die Scheidung einreicht, oder die Mutter, die nicht mehr zum selbstlosen Opferleben bereit ist, oder der Priester, der sein Amt niederlegt. Immer wird der Wunsch, sich selbst zu verwirklichen, als Dämon unseres Jahrhunderts dafür verantwortlich gemacht und als übel und zerstörerisch gebrandmarkt. »An der Wurzel dieser negativen Erscheinungen findet sich oft eine Zersetzung von Begriff und Erfahrung der Freiheit, die nicht als Fähigkeit aufgefaßt wird, den Plan Gottes ... zu verwirklichen, sondern vielmehr als autonome Kraft der Selbstbehauptung – für das eigene egoistisch verstandene Wohlergehen.«[2] Wehe dem, der an sein Wohl denkt!

So werden Theologen nicht müde, vor der Selbstverwirklichung und allen emanzipatorischen Bemühungen zu warnen und dagegen den Impuls des Evangeliums zu setzen, sich selbst zu vergessen, um das wahre Leben zu gewinnen (vgl. Mk 8,35). Diese Polarisierung ist von den meisten Christen so verinnerlicht worden, daß sie mit Schuldgefühlen auf jeden Wunsch reagieren, der sie selbst und ihr eigenes Wohl zum Ziel hat. Ein guter Christ kann nur sein, wer sich selbst vergißt, aber nicht, wer sich selbst wichtig nimmt. Das scheint festzustehen wie das Amen in der Kirche. Alles andere ist gefährlich.

Die Ängste der Theologen vor der Psychotherapie sind nicht ganz unbegründet. Denn in der Beschreibung und Analyse des Zustandekommens des menschlichen Verhaltens ist sie immer auch Aufweis krankmachender Strukturen. Insofern stellt sie gewohnte Überzeugungen, Verhaltensweisen, Werte und Beziehungsmuster der Kirche in Frage. Außerdem entzieht der emanzipatorische Ansatz des therapeutischen Bemühens den einzelnen der Verfügungsgewalt der Hierarchie. Denn ein Mensch, der gelernt hat, sich selbst ernstzunehmen, ist nicht mehr einfach bereit, sich von einer Autorität bestimmen zu lassen. Diese »Gefahren« werden zu Recht empfunden. Es stellt sich allerdings die Frage, ob es sich hierbei wirklich um Gefahren handelt, die in ihrer Konsequenz zur Auflösung des Glaubens schlechthin führen, oder ob es sich hier nicht vielmehr um ein kritisches Potential handelt, das von Fehlformen und Fehlentwicklungen befreien kann. Denn nicht die Religion an sich ist eine Neurose, wohl aber sind viele ihrer Erscheinungsbilder neurotisch und viele ihrer Vertreter auch. »Es ist deshalb an der Zeit, mit der schlechten Sitte aufzuhören, bei jedem Wort, in dem die Silbe ›selbst‹ erscheint, in moralische Entrüstung auszubrechen.«[3] Denn Egoismus und Egozentrik sind nicht Wesensmerkmale der Selbstverwirklichung, sondern der angstgetriebene Versuch der Seele, mangelndes Selbstwertgefühl und mangelnde Selbstverwirklichung auszugleichen. Schon Oskar Pfister, Theologe und Zeitgenosse Sigmund Freuds, schrieb 1910 gegen den Vorwurf, die Psychoanalyse löse alle ethischen Normen und Werte auf: »Während die intensivste, bis zur eigentlichen Selbstquälerei gesteigerte ›Willensgymnastik‹ nur tiefer in Verzweiflung und sittlichen Bankrott führte, bewirkte die milde Analyse eine erstaunliche Hebung des sittlich-religiösen Niveaus.«[4] Denn nur ein Mensch, der zu sich selbst gefunden hat, der sich selbst bejahen kann, lebt in jener Freiheit, die ohne die Angst, zu kurz zu kommen, auch auf das Wohl der anderen bedacht sein kann.

2. Selbstwerdung – ein Anliegen des Evangeliums

Eine Ursache für das Mißtrauen gegenüber aller Selbstverwirklichung ist sicher die unklare Bedeutung dieses Begriffes. Alles mögliche wird unter diesem Namen als Weg zum Heil verkauft. Unbestritten wird dabei auch das Lustprinzip verherrlicht und die persönlich empfundene Lust zum alleinigen Maßstab für Lebensentscheidungen und Lebensführung gemacht.

C. G. Jung, neben Freud der zweite Vater der Psychotherapie, sieht die Selbstverwirklichung anders. Er bezeichnet mit dem Begriff des Selbst die Ganzheit unserer Psyche im Gegensatz zum Ich, das nur einen Teil unseres seelischen Lebensbereiches ausmacht. Das Selbst ist gleichsam das Zentrum der Person, von dem alle psychischen Kräfte ausgehen. Es ist zunächst reine Möglichkeit, die zur Wirklichkeit werden kann, wenn das Ich seinen Winken Beachtung schenkt. Das Ziel des Selbst ist die Selbstwerdung, die Ausbildung und Reifung der individuellen Persönlichkeit. Marie-Luise von Franz, eine Schülerin C. G. Jungs, vergleicht das Selbst deshalb mit dem Samen einer Bergföhre, in dem das Bild der Bergföhre mit all ihren Möglichkeiten grundgelegt ist, verbunden mit dem Impuls, diese Möglichkeiten zu entfalten. Durch Reaktion auf die speziellen Umstände und Bedingungen wie Erdbeschaffenheit, Steine im Boden, Hangneigung, Windlage, Regenmenge und Sonnenbestrahlung wächst dann die dadurch einmalige einzelne Bergföhre. Dieses Wachstum des einmalig einzelnen nennt C. G. Jung den Individuationsprozeß, die Selbst-Werdung. Eine Lebensaufgabe, sowohl hinsichtlich ihrer Wichtigkeit wie auch hinsichtlich ihrer Dauer. Hier geht es also um mehr und wesentlich anderes als um die ungehemmte Befriedigung aktueller Bedürfnisse. Es geht vielmehr darum, die eigene Persönlichkeit zu entwickeln und zu leben, eine Aufgabe, die mit vielen Schwierigkeiten, Enttäuschungen und auch Unlustgefühlen verbunden ist.

Diese Selbstwerdung, die schöpferische Verwirklichung des eigenen Selbst, steht keineswegs gegen die Norm des Evangeliums. Sie ist vielmehr ein Anliegen, das »wie ein XI. Gebot Gottes zwischen den Zeilen des Evangeliums steht: Du sollst dich selbst verwirklichen! Es ist der Auftrag, ganz Christ zu sein, um ganz Mensch zu werden; der Auftrag, voll Mensch zu sein, um wirklich Christ zu werden«[5]. Es gibt in den biblischen Schriften zahlreiche Bilder und Erzählungen, die die Selbstwerdung als zentrales Anliegen des Glaubens darstellen. Ich möchte hier an die Weinberg- und Saatgleichnisse erinnern.

Die Weinberggleichnisse

In ihrem Kern vergleichen die Weinberggleichnisse[6] Gott mit einem Gärtner, der mit sehr viel Liebe, Einsatz und Geduld darum bemüht ist, die Pflanzungen (= die Menschen) fruchtbar werden zu lassen. Leider ist dieses Bild mehrfach zu Gerichtsandrohungen umgearbeitet worden, so daß das Fruchtbringen allzusehr im Sinne zu erbringender Leistung gedeutet wurde[7]. Dabei würde ein Blick auf die Natur überdeutlich zeigen, daß Früchte nicht gemacht werden können, sondern nur wachsen können. Das ist ein erheblicher Unterschied! Zuversicht z. B., Freude oder Gelassenheit sind solche »Früchte«, die mit aller Willensanstrengung nicht erzwungen werden können, sondern gleichsam Effekte sind, die sich unter bestimmten Voraussetzungen einstellen. Von daher macht die Bibel eine ganz gewichtige Aussage, wenn sie Gottes Wirken und Absicht als gärtnerische Arbeit darstellt mit dem Ziel, das Leben des Menschen fruchtbar werden zu lassen. Wie aber sollen wir dieses Fruchtbarwerden verstehen, wenn nicht als Entfaltung und Verwirklichung der im Selbst grundgelegten Möglichkeiten?

Die Saatgleichnisse

Eine zweite in diesem Zusammenhang wichtige Gruppe sind die Saatgleichnisse[8]. Auch in ihnen geht es darum, daß Gepflanztes fruchtbar werden soll, aber sie setzen die Akzente anders. Gemeinsam ist den Saatgleichnissen, daß das Reich Gottes wie ein Same angesehen wird, der im Menschen aufgehen und Frucht bringen soll. Im Gleichnis vom Sämann (Mk 4,1–8) steht dabei das unterschiedliche Schicksal der Saat im Vordergrund. Was aus ihr wird, ist abhängig von den »Feldbedingungen« – eine eminent psychologische Aussage. Denn gerade die Psychoanalyse hat aufgezeigt, wie sehr die Persönlichkeitsentwicklung ein kompliziertes Zusammenspiel von Faktoren ist, die in der eigenen Persönlichkeit, vor allem aber auch in den Umfeldbedingungen begründet sind. Das Bild vom Samen der Bergföhre, der auf ganz spezielle und individuelle Umfeldbedingungen reagieren muß, als Veranschaulichung der Selbstwerdung hat hier sein biblisches Vorbild.

Einen anderen Hinweis liefert das Gleichnis von der selbstwachsenden Saat (Mk 4,26–29). Hier wird betont, daß zum Fruchtbarwerden zwar das eigene Zutun erforderlich ist, daß aber das Entscheidende wie von selbst geschieht. Dieses Wachstum geschieht sogar zwangsläufig, wenn die entsprechenden Zuarbeiten getan werden. Auch dies entspricht wieder einer psychologischen Erkenntnis, denn das Gleichnis schildert die Selbstwerdung als Prozeß, der sowohl eigenes Zutun erfordert, in ent-

18

scheidendem Maße aber Effekt ist wie die Frucht in den Weinberggleichnissen. Eine Aussage, die wiederum durch die Erfahrungen der Psychoanalyse bestätigt wird. Trotz aller anstrengenden und oft das Letzte fordernden Arbeit der Analyse sagte mir eine Patientin zum Abschluß, daß sie im Rückblick ihre Veränderung von der selbstmörderischen Depression zur lebensbejahenden Kreativität wie ein Wunder erlebt, wie etwas, das weder vom Therapeut noch vom Analysand aus »machbar« war. »Erfahren wir es nicht immer wieder, daß in jedem, der anfängt, ernsthaft den Weg der Reifung zu suchen, Wunder geschehen? Daß Gnade oder Wohlwollen des Schicksals in ihm wirksam wird, und zwar in dem Maße, als er bereit ist, Geduld und Anstrengungen auf sich zu nehmen und die Schmerzen seiner Wandlung zu erleiden?«[9]

In den Gleichnissen von der Saat meint der Same offenbar eine wichtige und wesentliche Grunderfahrung, die im menschlichen Leben zur Auswirkung kommen soll, eine Erfahrung, die Gottesherrschaft genannt wird. »Es ist die Freudenbotschaft, daß Gott die Menschen ohne Vorbedingung liebt. In der Tat ist es möglich, daß ein Mensch, er sei noch so verhärtet und böse, allmählich auftaut und sich wandelt, wenn er in den Bann der Liebe gerät.«[10] Genau darum geht es letztendlich der Psychoanalyse. Sie will den Menschen heilen durch die seine Vergangenheit korrigierende Erfahrung des bedingungslosen Dasein-Dürfens, indem er in der Analyse alles zulassen, zeigen und leben darf, was in ihm lebendig ist, ohne die Gefahr, dadurch die Aufmerksamkeit und Zuwendung des Therapeuten zu verlieren. Nur so kann er lernen, die verschiedenen Anteile seiner Persönlichkeit zu entdecken, sie zu verstehen und in einer heilsamen Weise zu integrieren.

Beide Bildmotive schildern also die Selbstwerdung des Menschen als Fruchtbarwerden. Beide Bildmotive nennen dies ein Anliegen Gottes. Die Selbstwerdung ist geradezu Zielbestimmung des Daseins, wie es im Buch der Weisheit heißt: »Gott hat alles geschaffen, damit es lebt und sich entfaltet« (Weish 1,14).

3. Schwierigkeiten mit dem Glück

In einem Schlager hieß es einmal: »alles, was wir woll'n auf Erden, wir woll'n alle glücklich werden«. So banal der Text auch klingt, er trifft einen zentralen Punkt menschlichen Strebens. Ungeachtet aller ihm angetragenen Ziele und Daseinsbestimmungen will der Mensch vor allem eines: er will glücklich werden. Er will Anerkennung und Liebe erfahren, die Freiheit des Dasein-Dürfens, Freude und Zufriedenheit, auch ohne daß er sich dieser Wünsche im einzelnen bewußt ist. In der Auswertung der Umfrage »Was den Deutschen heilig ist« kommt G. Schmidtchen zu dem Schluß, daß die Grundwünsche an ein gutes Leben offenbar einfach sind. Der Mensch erweise sich in ihnen dem organischen Leben zugehörig: Wie ein Baum wachse und wurzele, so wünsche sich der Mensch Individualität, Beweglichkeit und Beheimatung[11]. Um so mehr muß es eigentlich erschrecken, daß die meisten bei ihrer Suche nach dem Glück den christlichen Glauben, so wie er ihnen von der Kirche dargeboten wird, eher als Hindernis denn als Hilfe erleben. Die Religion wird zunehmend gleichgültig, »weil sie, so scheint es, nichts bringt, es sei denn Unannehmlichkeiten, lastende Pflichten und Schuldgefühle«[12]. Manch einer wird zusammenzucken bei dem Gedanken, daß die typische Konsumentenfrage »Was bringt mir das?« jetzt auch noch auf die Religion angewandt werden soll. Aber wir dürfen nicht übersehen, daß die Religion tatsächlich dem Menschen etwas »bringen« muß, wenn sie erlösend sein soll. Er muß erfahren und nicht nur hören können, daß sie in der Lage ist, seine empfundene Not, sein Un-Glück, zu wenden zum Glück. Andernfalls ist sie für ihn nicht not-wendig, sondern überflüssig. »In kirchlichen Kreisen beklagt man allzu häufig die ›böse Welt‹, auf deren Boden kein Glaube mehr wachsen kann. Die ›böse Welt‹, das sind die Erwachsenen, die, unter dem Einfluß der Aufklärung, der modernen Wissenschaft und Technik und schließlich auch verschuldet durch ihren persönlichen Hochmut, untauglich geworden sind, ›zu werden wie die Kinder‹ und auf diese Weise ins Reich Gottes einzugehen. Wer derart verallgemeinernd über den heutigen Menschen denkt, erliegt einem Vorurteil, das dringend abgebaut werden muß; denn der erwachsene Mensch unserer Tage ist durchaus fähig und willens zu glauben. Er erwartet jedoch mit Recht, daß ihm die Glaubenswerte so vermittelt werden, wie es seinen spezifischen Voraussetzungen entspricht.«[13] Zu diesen Voraussetzungen gehört auch die zunehmende Sensibilität für den Wert des eigenen Selbst.

Der Mensch möchte sich selbst bejahen können mit all seinen Gedanken, Gefühlen und Wünschen. Er möchte auch nicht mehr gegängelt werden, sondern für sich selbst Verantwortung übernehmen können. Mit beidem jedoch tut sich die Kirche schwer. Aus der Angst heraus, daß das, was sich da zeigen und entwickeln würde, nur böse sein kann, hat sie dem Menschen seit jeher den Kampf gegen sich selbst als Weg zum Glück empfohlen. Bis in die Gedanken und leisesten Gefühlsregungen hinein sollte er kraft seines »freien Willens« die eigene »niedere Natur« bezwingen. »Ihr habt gehört, daß zu den Alten gesagt worden ist: Du sollst nicht töten; wer aber tötet, der soll dem Gericht verfallen sein. Ich aber sage euch: jeder, der seinem Bruder zürnt, soll dem Gericht verfallen sein« (Mt 5,21 f.). Mit solchen und ähnlichen Sätzen wurde ein Erziehungsprogramm verpflichtend, angesichts dessen sich der einzelne nur als Versager vorkommen konnte, weil es ihm z. B. einfach nicht gelang, Gefühle wie Wut und Ärger aus seinen Empfindungen zu verbannen und Gefühle wie Liebe zum Feind zu erzwingen. Diese »Willensgymnastik« (O. Pfister) konnte tatsächlich nur zu innerer Zerrissenheit und Verzweiflung führen. Denn wie sollte der je ausgeglichen werden, der beständig Teile der eigenen Person ablehnen und bekämpfen muß? Außerdem rächt sich ein solches Vorgehen, denn alles Abgespaltene und Verdrängte bestimmt das eigene Leben um so mehr. Deshalb ist es der Psychotherapie ja so wichtig, alles zuzulassen, um es verstehen und integrieren zu können. »Wenn ein Reich mit sich selbst entzweit ist, so kann dieses Reich keinen Bestand haben« (Mk 3,24). Dabei hat die Psychotherapie offenbar das optimistischere Menschenbild, denn sie vertraut darauf – und weiß es aus ihrer Erfahrung bestätigt –, daß die Selbstwerdung über das Zulassen, Verstehen und Integrieren zum Guten führt.

Bei diesem Bemühen kommt ihr eine Kraft zu Hilfe, die wir bei der verstandeseinseitigen Ausrichtung unserer Lebensführung fast völlig vergessen haben: die heilende Macht der Bilder, wie sie beispielsweise in Träumen, Märchen und Mythologien aufleuchten. Wiederum S. Freud war es, der entdeckte, daß Träume bei aller offenkundigen Verworrenheit und Gleichgültigkeit gegenüber Realität und Logik dennoch Methode haben. Er erkannte, daß sich in ihren Bildern und Symbolen unbewußte und verdrängte Anteile der Persönlichkeit bemerkbar machen, oft mit erstaunlichen Hinweisen auf die lebensgeschichtlichen Ursachen aktueller Schwierigkeiten und ebenso oft mit erstaunlichen Hinweisen auf das, was sinnvollerweise jetzt zu tun ist. So konnte er mit Hilfe der Traumarbeit Erlebtes deuten, verstehen und für die weitere Entwicklung fruchtbar machen. Sein Schüler und späterer Kontrahent C. G. Jung entdeckte, daß es zwischen Motiven in den Träumen der einzelnen und Motiven in Märchen, Mythen und Religionen eine auffallende Ähnlichkeit und direkte Verwandtschaft gibt. In diesen kollektiven Symbolen kommen offenbar menschliche Grunderfahrungen zum Tragen. In diesen Symbolen erfährt der Mensch etwas über Lebensaufgaben, die sich ihm stellen, und wie er sie bewältigen kann. Gerade auch der Weg der Selbstwerdung ist in solchen Symbolen in seinen einzelnen Stationen verdichtet aufgezeigt. Das Motiv der lange ersehnten und freudig begrüßten Geburt eines Kindes z. B., dessen Leben von Anfang an gefährdet ist durch böse Mächte, ist ein Symbol für die Neuwerdung des eigenen Lebens. Die unterschiedlichen Umstände, die die Kinderlosigkeit bewirkten, geben Aufschluß über die Ursachen, die das eigene Leben bisher so »unfruchtbar« machten. Die bösen Mächte, die dem Kind nach dem Leben trachten, geben Aufschluß über Probleme und Schwierigkeiten, die die persönliche Neuwerdung gefährden. Doch ist uns der Zugang zu diesen Symbolen durch unser eindimensionales Denken weitgehend verlorengegangen.

»Bisher hat man weithin angenommen, der Umgang mit den Symbolen der Überlieferung sei deshalb gestört, weil die geschichtliche Entwicklung derlei Ausdrucks- und Kommunikationsmöglichkeiten überholt und erledigt habe. ... Dies entspricht jedoch keineswegs der psychoanalytischen Erfahrung. Auch der sogenannte ›moderne Mensch‹ – was immer man darunter verstehen mag – geht mit Symbolen um, auch in seinem Leben gibt es Bereiche eines transrationalen Umgangs mit Wirklichkeit.«[14] Es ist deshalb zu überlegen, ob nicht der religiöse Beitrag zur Suche nach dem Glück gerade im Bereich des Symbolischen liegt. Denn die biblische Überlieferung hält eine Fülle von Symbolen bereit, die Antwort auf menschliche Grunderfahrungen, Sehnsüchte und Ängste geben, ohne in den Irrtum konkretistischer Verhaltensanweisungen zu verfallen, weil sie als Bilder dem Betrachter genügend Freiraum lassen, über seine Assoziationen einen eigenen Lösungsweg zu erarbeiten. »Das, was den Menschen unbedingt angeht, muß symbolisch ausgedrückt werden, weil allein die Symbolsprache das Unbedingte auszudrücken vermag.«[15] Dieses Moment des Symbolischen und Spielerischen ist allzulange zugunsten des Moralischen und Rationalen vernachlässigt worden. Die Erzählung von der Sintflut z. B. (Gen 6,5–8,22) wirkt in ihrer Interpretation als Strafgericht Gottes wegen des Bösen der Menschen ausgesprochen entmutigend oder ärgerlich. Je nach Temperament wird sie dazu reizen, sie eines Tages als unsinniges Märchen und Kinderbetrug abzutun, oder sie als Grundstock für Zukunftsängste vor einem neuen – diesmal atomaren – Strafgericht Gottes zu nehmen. Wer aber bildhaft denken kann und jemals etwa ohnmächtig von Gefühlen der Trauer und Verzweiflung »überflutet« wurde und wieder daraus »aufgetaucht« ist, »neuen Boden unter den Füßen gewann«, dem wird sich diese Erzählung geradezu als Deutung seiner Erfahrung aufdrängen, ja sie hätte ihm zur Zeit der »großen Flut« Trost und Hilfe zur Bewältigung sein können. Deshalb ist es notwendig, den Zugang zur Welt der Symbole neu zu erschließen, weil sich in ihnen das Typische und Wesentliche der menschlichen Selbstfindung und Selbstverwirklichung spiegelt.

Die Exodus-Erzählung der Bibel ist eine solche symbolische Geschichte der Selbstwerdung. Daß sie nicht in all ihren Details historischer Bericht ist, ist längst bekannt; auch, daß sie durchaus einen historischen Kern hat. Aber ebenso, wie die historische Erfahrung Anlaß war, im Motiv der Schilfmeer-Rettung die grundsätzliche Gotteserfahrung Israels zu verdichten, sind die einzelnen Stationen des Exodus Symbole, in denen sich grundsätzliche Erfahrungen der Selbstwerdung verdichtet haben. Es liegt deshalb nahe, die bewußte Aussage dieser Erzählung, »Unser Gott befreit...«, mit ihrem unbewußten Anteil, »...zu sich selbst«, zu ergänzen und zu verbinden.

4. Exodus als Selbstwerdesymbol

Die Geschichte des Exodus findet sich in der Bibel nicht nur im gleichnamigen Buch, sondern umfaßt auch die Bücher Leviticus, Numeri, Deuteronomium und Josua. Unmittelbar an die Patriarchengeschichte anschließend schildert diese Erzählung, wie aus der nach Ägypten übergesiedelten Sippe des Jakob ein Volk heranwächst, das durch die Ägypter mehr und mehr geknechtet wird und unterzugehen droht. Gott aber erwählt diesem Volk einen Retter, Mose, der es in seinem Auftrag und mit seiner Begleitung aus der Knechtschaft herausführt. In aussichtsloser Lage, vor sich die Fluten des Roten Meeres und hinter sich die verfolgenden Ägypter, erfährt das Volk eine wunderbare Rettung durch Gott, der ihm eine trockene Durchquerung des Meeres möglich macht, während die nachsetzenden Ägypter von den zurückflutenden Wassermassen ertränkt werden (Ex 1–8). Auf seinem anschließenden Weg durch die Wüste gelangt das Volk an einen heiligen Berg. Das ganze mittlere Drittel der sogenannten fünf Bücher Mose (Ex 19,1–Num 10,10) berichtet dann vom Bundesschluß zwischen Gott und diesem Volk am heiligen Berg und der sich daraus ergebenden heiligen Ordnung (z. B. Ex 20,1–17: der Dekalog; 21–23: das Bundesbuch; Lev 17–26: Heiligkeitsgesetze; Ex-Num: verschiedene Kult- und Ständeordnungen). Es folgt dann die Schilderung der weiteren Wüstenwanderung bis zur beginnenden Landnahme im Ostjordanland (Num 10,11–36,13). Das sich anschließende Buch Deuteronomium enthält die Abschiedsreden des Mose und die Regelung seiner Nachfolge. Mit der Erzählung von der endgültigen Inbesitznahme des Gelobten Landes findet die Geschichte des Exodus ihren Abschluß (Jos 2–12).

Das Motiv, das der Exodus-Erzählung zugrunde liegt, ist das des Weges. »Wie kaum ein anderes eignet sich das Bild vom Weg dazu, menschliches Dasein zu erfassen und zu deuten... Beweglichkeit wird zum umfassenden Begriff, der Ortsveränderung ebenso beschreibt wie den Fortgang und Wandel des Denkens. Das eine begünstigt das jeweils andere... Weg als Metapher für unser Leben umgreift alles, was uns begegnet und geschieht, was wir erkunden und erleiden, was wir entwerfen und erreichen. Etwas bewegt uns. Wir setzen uns in Bewegung. Wir haben Beweggründe und handeln verwegen. Wir wandeln Wege, und deshalb wandeln wir uns. Weggefährten gehen mit uns. Wegzehrung brauchen wir und Wegweiser. Was wir ausgeschritten haben, wird uns zur Erfahrung. Wir setzen etwas in Gang, wollen Fortschritt und Wandel. Der Lebensweg erscheint in einer eigenen biographischen Logik und Moral. Was andere als rechte Wege oder als Umwege, Abwege und Irrwege erkunden mögen, wird für den einzelnen sein unverwechselbarer Weg, neben dem es für ihn keinen anderen mehr gibt. Dem geistigen und körperlichen Aufbruch entspricht der Aufbruch des Gefühls und der Seele, die emotionale Bewegung aus sich heraus: das ganze Ich macht sich auf den Weg, äußert sich, sucht den Zugang zum anderen.«[16]

Dieses Ursymbol ist in zahlreichen Märchen verarbeitet, in denen sich einer auf den Weg macht, viele Aufgaben und Abenteuer zu bestehen hat, dabei aber Schätze entdecken und gewinnen kann, die die Mühe allemal lohnen und zur Grundlage eines glücklichen Lebens werden. Zu diesem Weg gehören Bindungen und Trennungen, Verluste und Gewinne, Scheitern und Bewältigung, gerade Wegabschnitte und Irrwege, ganz individuell verschieden. Es ist eine tiefe Lebenswahrheit und Lebensweisheit, die die Erfahrung der menschlichen Reifung und Entwicklung in diesem Symbol verdichtet.

Auch die Religionen haben das Motiv des Weges aufgegriffen, um das menschliche Leben als Entwicklung auf ein Ziel hin zu deuten. Bekannt ist aus der christlichen Spiritualität das Bild von der »irdischen Pilgerschaft«, deren Ziel das »himmlische Jerusalem« ist. Mit seinen beiden Polen »irdisch« und »himmlisch« deutet es den Weg als Entwicklung und Reifung. Das Ziel, das himmlische Jerusalem bzw. die Stadt auf dem Berge ist ein Symbol, das in der Kulturgeschichte in vielen Variationen vorkommt. Es ist ein mütterliches Symbol, Sinnbild des Empfangenden und Bergenden nach aller Unbehaustheit und Heimatlosigkeit. In der Mitte dieser Stadt thront die Gottheit, Bild der von einem Zentrum her geeinten und integrierten Persönlichkeit. So ist die Stadt auf dem Berge letztlich ein Symbol des Selbst, jenes Zentrum der Person, in dem auch Gott erfahren wird. Alte Tempel und Kathedralen an Wallfahrtswegen sind von daher so angelegt, daß sie wie eine Stadt den Pilger aufnehmen und mit dem Altar im Zentrum auf jene »Mitte« verweisen, von der her alles Sinn und Heilung erfahren kann. Der Weg zu Gott ist demnach auch der Weg zu sich selbst, und der Weg zu sich selbst auch der Weg zu Gott. Eine Erfahrung, die schon das Denken und Erleben der Mystiker prägte.

Aber nicht nur das Ziel ist wichtig, auch das Unterwegssein selbst. So wird Abraham in seiner Bereitschaft, Vertrautes und Sicherheitgewährendes zu verlassen und immer wieder aufzubrechen, als Modellgestalt gläubiger Existenz vorgestellt. Das klassische Beispiel jedoch für den Prozeßcharakter des Glaubens ist die jüdische Exodus-Tradition. »Ihre Überzeugungskraft erhalten alle Exodus-Geschichten dadurch, daß sie das historische Faktum des Auszugs aus Ägypten mit dem Bekenntnis verbinden, es sei mit dem Auszug der entscheidende existentielle Sinn geschenkt worden: ein befreites Dasein unter der

Führung eines stets mitziehenden, getreuen Gottes. Die Weg-Erfahrung verbindet sich untrennbar mit der Gotteserfahrung.«[17] Ja, Gott ist gar nicht anders als auf dem Weg zu erfahren, jede Gotteserfahrung reißt aus dem Gewohnten und Vertrauten heraus, um in Bewegung zu bringen; eine Bewegung, die emanzipatorisch ist, weil sie aus Unfreiheit in die Freiheit führen will.

Theoretisch ist diese Überzeugung in der Kirche immer vorhanden gewesen, auch wenn sie wenig in den Vordergrund rückte. Aber einer Kirche, die in ihrer Tradition und »Wahrheit« seßhaft geworden ist, ist die Lebenswirklichkeit und Lebenswirksamkeit dieses Bildes verlorengegangen. »Ordnung ist seit langen Jahrhunderten das Gerüst, an das man alles Leben und Denken in der Kirche nagelt. Nimmt man eine verbreitete Art homiletischer Zeitkritik dazu, die weithin unreflektiert populäre christliche Grundstimmung widerspiegelt, eine Kritik, die getragen wird von dem Unbehagen gegenüber dem Wandel, von der Romantisierung alter christlicher Sitte und Ordnung und der resignierten Trauer um ihren Verlust, von der Angsterweckung vor neuen technischen Entwicklungen, eine Kritik, in der der Moderne Unbehaustheit, Ruhelosigkeit, Umgetriebensein, hektische Betriebsamkeit, Bindungslosigkeit, Unzufriedenheit usw. pauschal testiert wird, dann liegt auch hier der Eindruck nahe, kirchliche Verkündigung habe mehr Verständnis für den menschlichen Wunsch nach Dauer, Sicherheit und Ordnung als für den Impuls nach Wandel, Veränderung und Neuem. Zusammenfassend wird man sagen können, daß in christlicher Frömmigkeit und Verkündigung atmosphärisch mehr jene Gestimmtheiten im Vordergrund standen und stehen, die in der Systematik tiefenpsychologischer Strukturenlehre depressiv und zwanghaft zu nennen wären.«[18] Jedes Stützen und Fördern jenes zwanghaft-depressiven Strebens nach Geborgenheit, Sicherheit und Ordnung aber verhindert Entwicklung und Reifung.

Böse Zungen mögen behaupten, daß die Kirche auch gar nicht an einem reifen Glauben ihrer Mitglieder interessiert ist, da er – wie bereits früher angedeutet – zur Gefahr für das hierarchisch strukturierte Machtgefüge werden würde. Jedenfalls bietet sie in ihrer Dogmatik, der Morallehre und dem Kirchenrecht ein geschlossenes System beständiger Ordnung, dem der einzelne nur noch zuzustimmen und dem er sich nur noch zu unterwerfen braucht: der Glaube als tradierbares Paket handlicher Weltanschauung, das dem einzelnen den mühsamen persönlichen existentiellen Weg ersparen will. Ihm ist ohnehin schon längst der Ruf zur Nachfolge zum Befolgen einiger moralischer Anforderungen geworden. Was ein solcher Glaube jedoch nicht leisten kann, ist jene existentielle Betroffenheit, die befreit aufatmen läßt. So ist der Begriff »erlöst« beispielsweise kein Kennzeichen einer bestimmten Daseinserfahrung mehr, sondern eher ein Verwaltungsvermerk, der anzeigt, daß der Betreffende das Sakrament der Taufe empfangen hat.

Die traditionelle Seelsorge empfindet diesen Bruch zwischen Sein und (Tauf-)Schein durchaus, aber sie will ihn vorwiegend durch Wissensvermittlung überwinden. Anders dagegen die Exodus-Symbolik. In ihr ist der Glaube der anstrengende Prozeß der persönlichen Reifung, ein Weg, den jeder selbst gehen und finden muß. Ein Weg, auf den er sich von Gott gerufen weiß, der sein Elend kennt (Ex 3,7) und deshalb mit ihm ziehen will, um ihm einen Raum befreiten Daseins zu eröffnen (Ex 3,8), in dem er aus aller Entfremdung zur Selbstverwirklichung und Ganzheit der eigenen Person finden kann. Es ist ein Weg, auf dem Heil und Heilung untrennbar miteinander verbunden sind.

5. Vieldeutig

Bevor wir uns nun die Stationen des Exodus im einzelnen ansehen, müssen wir uns noch über die Deutungsweise dieser Erzählung verständigen. Denn davon hängt ab, welche Bedeutung der Text für uns überhaupt gewinnen kann.

Eine mögliche Sichtweise wäre z. B. das wortwörtliche Verständnis des Textes. Demnach wäre jedes einzelne Ereignis der Exodus-Geschichte genau so geschehen, wie es im Text dargestellt wird. Wir hätten es mit einem Bericht zu tun, der korrekt historische Fakten vermittelt. Allerdings geraten wir mit einer solchen Sichtweise in erhebliche Schwierigkeiten. Denn innerhalb des Textes selbst gibt es Widersprüche. Zeit-, Orts- und Zahlenangaben stimmen z. B. nicht immer überein. So werden die Zehn Gebote im Erzählkomplex zweimal vorgestellt (Ex 20,1–17 und Dtn 5,6–21), wobei sie aber in Form und Inhalt zum Teil erheblich abweichen. (In Ex wird die Sabbatweisung liturgisch begründet, in Dtn dagegen sozial; in Ex wird die Frau unter den Gütern des Nächsten aufgezählt, in Dtn ist sie aus dieser Reihe herausgenommen und vorangestellt; in keiner der beiden Fassungen ist eine korrekte Aufteilung in zehn Gebote deutlich.) Aber auch zwischen Aussagen der Erzählung und Fakten der Geschichts- und Naturwissenschaften gibt es Widersprüche. So steht heute zweifelsfrei fest, daß niemals alle zwölf Stämme Israels in Ägypten gewesen und von dort ausgezogen sind, obwohl die Bibel die Ereignisse des Exodus immer als Erfahrung Gesamt-Israels darstellt. Wer solche Widersprüchlichkeiten nicht einfach ignoriert, dem wird die Frage nach der Wahrheit und damit auch nach der Glaubwürdigkeit einer solchen Erzählung zum Problem.

Mit zunehmender Anerkennung dieses Problems wurde daher eine andere Deutungsmöglichkeit der biblischen Texte entwickelt: die historisch-kritische Methode. Ausgehend von den Ungereimtheiten, Widersprüchen und Brüchen im Text hat sie mit Hilfe sauberer Textanalysen aufweisen können, daß die Geschichten der Bibel Niederschlag eines komplizierten, teils mündlichen teils schriftlichen Überlieferungsprozesses sind, der oft mehrere Jahrhunderte dauerte, bis schließlich ein Endredaktor die verschiedenen Überlieferungen überarbeitend zusammenfaßte. Gleichzeitig konnte sie nachweisen, daß die biblischen Geschichten eine Fülle literarischer Formen enthalten, denen je andere Bedeutung zukommt. Ein Lied ist etwas anderes als eine historische Information und ein Gleichnis etwas anderes als eine Rechtsdefinition. Wer heutzutage eine der herrlichen Satiren von Ephraim Kishon liest, weiß genau, daß die darin handelnden Figuren keine konkreten, im Einwohnermelderegister verzeichneten Personen sind, sondern Typen, in denen man sich und andere wiedererkennen kann. Er weiß auch genau, daß die dort geschilderten Szenen niemals im historischen Sinn Faktum gewesen sind. Dennoch wird er in ihnen die Wirklichkeit wiederfinden und damit die Wahrheit ihrer Aussage bestätigen können. Wer in 2000 Jahren eine solche Satire mit einem historischen Bericht verwechselt, wird an der Wahrheit dieser Geschichte vorbeigehen. Wer sie aber auch in 2000 Jahren als Satire zu erkennen vermag, wird darin eine Menge an Wahrheit über unsere Zeit und ihre Probleme finden können. In vergleichbarer Weise hat die historisch-kritische Methode einerseits historische Fakten erarbeiten können, andererseits aber die Wahrheit so vieler Geschichten dadurch aufdecken können, daß sie die Aussageabsicht herausarbeitete, die der Endredaktor bewußt mit seinem Werk verbunden hat. Während die wortwörtliche Sichtweise des Exodus uns also in unlösbare Schwierigkeiten bringen würde, könnten wir mit Hilfe der historisch-kritischen Methode ziemlich zuverlässig den historischen Kern dieser Erzählung und die damit verbundenen, bewußt beabsichtigten theologischen Aussagen erarbeiten.

Doch es gibt noch weitere Möglichkeiten, die Texte zu verstehen: z. B. die tiefenpsychologische Deutungsmethode. Am Beispiel von Fehlleistungen wie Versprechen, Vergessen, Verlesen, Verlegen, Vertun und Verlaufen hat S. Freud aufgezeigt, daß nichts, was der Mensch tut oder sagt, zufällig und ohne Sinn ist. Denn es gibt nicht nur einen bewußten und augenfälligen Sinn, in dem die bewußte Absicht erkennbar ist, sondern auch einen unbewußten Sinn, der nicht sofort und deutlich einleuchtet. So ist zunächst kein besonderer Sinn darin zu erkennen, daß einer immer wieder etwas liegen läßt und vergißt. Aber bei einer tiefergehenden Analyse dieses Verhaltens kann sich zeigen, daß er Dinge vergißt, um sie loszusein, weil sie ihm in irgendeiner Weise unangenehm sind; etwa wenn einer eine noch zu bezahlende Rechnung »versehentlich« irgendwo liegen läßt und dann auch noch »vergißt«, wo das war. Oder aber es kann sich zeigen, daß er bestimmte Dinge vergißt, um sich damit einen Grund zu schaffen, an den Ort des Geschehens zurückzukehren; etwa wenn einer nach einem gemütlichen Abend bei Freunden dort seinen Regenschirm »vergißt« und deshalb am nächsten Tag noch einmal dorthin muß. In jedem Fall aber ist dieses Verhalten nicht bewußt gewollt und gemacht, sondern unbewußt bestimmt worden. Manchmal ist der unbewußte Sinn relativ einfach zu erkennen, oft ist er aber sehr verdeckt.

Warum einem plötzlich eine ganz bestimmte Melodie einfällt und nicht mehr aus dem Kopf geht, ist auf den ersten Blick sinnlos. Eine tiefere Beschäftigung mit diesem Phänomen kann jedoch ergeben, daß z. B. der dazugehörende Text, der einem im Moment »nicht einfällt«, in einem ganz konkreten Zusammenhang steht mit Wünschen oder Ängsten, die in eben diesem Augenblick durch die gegenwärtige Situation angesprochen wurden. Daß also gerade in diesem Moment gerade diese Melodie durch den Kopf ging, war nicht zufällig, sondern äußerst sinnvoll, wenn auch wiederum unbewußt gesteuert.

Aus diesen Erfahrungen und Erkenntnissen heraus entwickelte S. Freud in der Therapie die Methode des freien Assoziierens und die ihr entsprechende Grundregel: Der Patient muß alles sagen, was ihm momentan durch den Sinn geht, auch wenn er es für unwichtig oder peinlich hält. Zu Recht ging Freud von der Annahme aus, daß auch diese gedanklichen Einfälle in ihrer Reihenfolge und in ihrem Inhalt nicht zufällig sind, sondern sinnvoll aufeinanderfolgen, auch wenn dieser Sinn erst mühsam herausgearbeitet werden muß.

Die gleiche Annahme des unbewußten Sinnes von Assoziationen läßt sich natürlich auch auf Texte, auch auf biblische Texte, anwenden. Wir können dort genauso davon ausgehen, daß dem Verfasser neben seinen bewußten Absichten auch viel Unbewußtes mit in die Feder geflossen ist, das Rückschlüsse auf seine Persönlichkeit und sein Erleben zuläßt. Warum hat er gerade an dieser Stelle jene Szene eingebaut? Warum ist ihm gerade dieser Vergleich oder jener Typ eingefallen? Wieso ist ihm gerade diese Idee an dieser Stelle gekommen? Solche Fragen können helfen, dem unbewußten Sinn und den unbewußten Aussagen eines Textes auf die Spur zu kommen, in denen sich Erfahrungen und Erlebnisse des Autors ausdrücken.

Umgekehrt kann ich beim Lesen eines Textes auch mich selbst befragen, warum mir gerade an dieser Stelle dieses oder jenes in den Sinn kommt, dieses oder jenes Gefühl mich erfüllt. Denn die unbewußten Anteile eines Textes korrespondieren mit unbewußten Anteilen meiner Persönlichkeit und lösen von daher bei mir entsprechende gedankliche und gefühlsmäßige Assoziationen aus. So lassen sich mit Hilfe eines Textes auch eigene unbewußte Erfahrungen und Vorstellungen deutlich und verstehbar machen. Der amerikanische Psychoanalytiker Bruno Bettelheim hat am Beispiel von Märchen aufgezeigt, wie sehr solche Texte auf unbewußte Weise eigenes Erleben ansprechen, deuten und damit auch zu verarbeiten helfen[19]. Die Psychodynamik einer Geschichte entspricht eben oft der eigenen Entwicklung und Situation. Deshalb lohnt es sich, bei einem Text zu überlegen: was spielt sich zwischen den Beteiligten ab; welche Beziehungsmuster prägen ihr Verhalten zueinander; welche Reiz-Reaktions-Abläufe gibt es; welche Auslöser haben welche Wirkung; welche Verhaltensweisen haben welche Ursachen? Wenn so die Psychodynamik einer Geschichte deutlich geworden ist, lohnt es sich, weiterzufragen: welche Entsprechung gibt es zu mir, meiner Lebensgeschichte, meinen aktuellen Erfahrungen, meinen Wünschen und Ängsten, meinen zwischenmenschlichen Beziehungen? Welche Entsprechung gibt es zwischen der Dynamik der Geschichte und der Dynamik innerhalb meiner Person? Denn die einzelnen Figuren einer Szene können auch verschiedene Anteile der eigenen Person repräsentieren. So wird sich beispielsweise zeigen, daß die Verhandlungen zwischen Mose und dem Pharao Auseinandersetzungen widerspiegeln, die sich in der eigenen Person zwischen Wünschen und Bedürfnissen einerseits und dem Gewissen andererseits abspielen. So befragt, kann eine Erzählung zum Schlüssel für die eigene Person und Lebenswirklichkeit werden.

Doch damit ist ihr Gehalt noch immer nicht erschöpft. Vieles in den Geschichten läßt sich nur symbolisch verstehen. Ein unausrottbares Vorurteil besagt, daß alles, was symbolisch ist, nicht so ernstzunehmen ist, weil es nicht der Wahrheit und der Wirklichkeit entspricht, sondern »nur« symbolisch ist. Wer etwa hört, der Durchzug durch das Rote Meer sei symbolisch zu verstehen, wähnt damit die Wahrheit dieser Szenerie und damit auch ihre Bedeutsamkeit verneint. Dabei ist es wieder der Tiefenpsychologie zu verdanken, die Wahrheit der Symbole so deutlich herausgestellt zu haben. In der Fähigkeit der menschlichen Seele, Symbole zu bilden und auf sie zu reagieren, sieht sie die entscheidende Möglichkeit des Menschen, seine Erfahrungen in und mit der Welt innerseelisch zu registrieren, zu ordnen, zu verarbeiten und in Zukunft weiterzuverwenden. Alle Ereignisse und Erlebnisse werden erst dadurch zu Erfahrungen, daß es der Seele gelingt, sie zu symbolisieren. Symbole sind demnach manifest gewordene Erfahrungen, die teils der individuellen Lebensgeschichte, teils aber kollektiven Erfahrungen entsprechen, oder auch beides miteinander verbinden. Während S. Freud die Symbole vorwiegend aus der individuellen Lebensgeschichte zu erklären versuchte, widmete sich C. G. Jung vor allem der kollektiven Bedeutung von Symbolen. Wie schon Freud sah er, daß es Motive gibt, die nicht nur in Träumen einzelner auftauchen, sondern auch in Märchen, Mythen und biblischen Geschichten. Konsequenter allerdings als Freud begriff er, daß in diesen Symbolen archetypische Erfahrungen verdichtet sind, Erfahrungen also, die allgemein menschlich zutreffen und zeitlos gültig sind. Im Symbol der Wasserdurchquerung spiegelt sich gewiß zuerst die Erfahrung der Natur wieder: es ist die Sonne, die jeden Abend im Wasser untergeht, um am Morgen mit neuer Kraft daraus hervorzugehen. Diese Naturerfahrung wird dann zur Deutung persönlicher Erfahrung: Entwicklungsschritte sind wie Sterben und Neuwerden, eine allgemein zutreffende und zeitlos gültige Wahrheit. Das Symbol der Wasserdurchquerung wird schließlich zu einem Hoffnungsbild, das Lösungen aufzeigt: wenn du dich fallen läßt, wird es dir nicht zum Tod, sondern zum Durchbruch. »Nicht die Geschichtlichkeit der Ereignisse, also die Frage, ob das Wunder der Durchquerung des Schilfmeeres sich tatsächlich so ereignet hat, ist entscheidend für die Symbolbildung, sondern der Hoffnungsgehalt, der den rettenden Ereignissen zugeschrieben wird, zugeschrieben und erfahren nicht von einem einzelnen, sondern von einem ganzen Volk. Das Ereignis, das durch die Gefühle der Freude, des Dankes, des Lobes und der Hoffnung zur Erfahrung wurde, ist zum Symbol vieler Generationen jüdischer Menschen geworden, weil sich viele mit der Erfahrung der Errettung identifizieren konnten und am Beispiel des Auszugs aus Ägypten die eigene Identität fanden.«[20]

Wenn wir uns jetzt den Stationen des Exodus zuwenden, dann soll mit Hilfe solcher tiefenpsychologischer Aspekte die Psychodynamik dieser Erzählung und ihre Symbolik erschlossen und in Entsprechung zu persönlichen Erfahrungen gesetzt werden, in der Annahme, daß sich in ihren Szenen und Symbolen allgemein menschliche und zeitlos gültige Erfahrungen menschlicher Selbstwerdung und Identitätsfindung ausdrücken.

Die Möglichkeit der politischen Deutung, die den Exodus gerade heute für viele Christen zum Hoffnungssymbol eigener völkischer Befreiung macht, ist damit nicht ausgeschlossen. Im Gegenteil: Es wird sich immer wieder zeigen, wie wenig in der Exodus-Erzählung innere und äußere Freiheit voneinander getrennt werden können. Die innere Befreiung ist eminent politisch, da sie auch als äußere Freiheit gelebt werden will.

II
Erfahrungen auf dem Wege

6. Am Anfang steht das Ende

Und es stöhnte Israel aus seiner Qual und schrie um Hilfe.
Ex 2,23

Die erste Frage, die Gott in den biblischen Schriften dem Menschen stellt, ist eine Bilanzfrage: »Adam, wo bist du?« (Gen 3,9). Ich verstehe diese Frage nicht als Frage eines hilflos im Gebüsch Suchenden, sondern als Kernfrage unserer Existenz. »Im Anfang«, lateinisch »in principio«, ist weniger eine Zeitangabe als vielmehr eine Angabe der Bedeutung. Die Frage, die Gott »im Anfang« stellt, ist also eine Frage von prinzipieller Bedeutung. Es ist *die* Frage, die Gott dem Menschen stellt. Sie ist eine Einladung und Aufforderung, Lebensbilanz zu ziehen. »Wo bist du?«, d. h. wohin hast du dich gebracht, was ist dein Zuhause, was macht deine Existenz aus? Diese Frage ist hart. Sie will konfrontieren und aufrütteln, um der Wirklichkeit ins Auge zu sehen. Aber sie will nicht bloßstellen, sondern Mut machen, sich nicht mit dem Gegenwärtigen zufrieden zu geben, sondern den Weg zur Heilung zu beschreiten. Wir finden solche Fragen auch häufig in Märchen und Träumen. Da taucht dann z. B. ein alter Mann oder eine weise Frau auf und stellt eine Frage, die letztlich Spiegelfunktion hat. »Wer bist du, wohin willst du, was suchst du?« sind solche Fragen, die den Blick in den Spiegel richten wollen. Es sind außerordentlich therapeutische Fragen, zentrale Fragen des Lebens, auf die jeder eine Antwort finden muß. In den Märchen erscheinen sie daher als Chancen, die durch Nichtbeantwortung oder durch falsche Antworten vertan werden können, bei richtiger Antwort aber zu einem entscheidenden Wendepunkt zum Glück werden. Adam und Eva z. B. vertun diese Chance; denn anstatt sich dieser Frage bewußt zu stellen, antworten sie mit einer Handlung: sie schlagen sich in die Büsche. Eine nüchterne, wenn auch schmerzende Bilanz hätte ihnen zur heilsamen Umkehr ihrer Entwicklung werden können. So aber machen sie das Versteckspiel zur Grundform ihres Lebens. S. Freud hat diese Reaktion in der Therapie häufig beobachten können. Er nannte sie Agieren. Statt sich einen Konflikt oder eine Problematik bewußtzumachen, werden diese in eine Handlung umgesetzt. Eine Patientin beispielsweise war in der Analyse an einen Punkt geraten, wo sie ihr kokettierendes Verhalten und die gleichzeitige Vermeidung jeder weitergehenden Beziehung als verzweifelten Versuch hätte erkennen können, aus dem Grundgefühl des Unwertseins heraus mit Hilfe des Körpers um die lebensnotwendige Anerkennung zu werben und zu betteln. Statt dessen stagnierte die Analyse an dieser Stelle. Die Patientin aber begann eine Reihe kurzfristiger intimer Beziehungen, die sie äußerst unzufrieden und depressiv stimmten. Sie agierte also die Problematik in verstärktem Maße, ohne sich im Augenblick über deren Gesetzmäßigkeiten, Ursachen und Bedingungen im klaren zu sein. Aber nur die Bewußtmachung dieser Zusammenhänge bietet die Möglichkeit, sie zu überwinden. Deshalb sind Bilanzfragen von so großer Wichtigkeit und von so grundsätzlicher Bedeutung.

Allerdings kann man in seinem Leben nicht einfach so Bilanz ziehen, wie man am Ende eines Monats Kassensturz macht. Die Bilanzfrage wird vielmehr unvermittelt, dafür aber das bisherige Leben zunehmend erschütternd, gestellt. Es ist ja nicht der Verstand, dem diese Frage gilt, sondern die ganze Persönlichkeit. Es sind Krisen, in denen sich diese Frage stellt. Anlaß kann alles sein, was das gewohnte Leben durchkreuzt: eine schwere Krankheit, Veränderungen in der persönlichen Lebenssituation, der Verlust von Menschen durch Trennung oder Tod, der

Verlust von Besitztümern, Aufgaben oder Posten. Oder Ideale geraten ins Wanken, Überzeugungen und Werte werden fragwürdig. Oder eine Situation oder Entwicklung gerät an den Punkt, wo sie das Maß des Erträglichen überschreitet. Die Bilanzfrage ist nichts für besinnliche Kaminstunden oder religiöse Gesprächskreise, sondern ein harter Orientierungsverlust. Es ist eine Erschütterung des bisherigen Daseins, die elementar erlebt wird. Da helfen keine Philosophien und Kalendersprüche, auch keine Bibelzitate, sondern nur das mühsame Durcharbeiten durch die Krise.

Oft wird an dieser Stelle aber in der Tat agiert, statt Bilanz zu ziehen. Der Griff zum Alkohol ist einfacher als die bohrenden Fragen und Zweifel, die Unsicherheit, Wut und Traurigkeit auszuhalten und durchzustehen. Nach dem Scheitern einer Ehe scheint es einfacher, in einer neuen Beziehung Vergessen und Geborgenheit zu suchen, statt sich über die Ursachen und Zusammenhänge des Scheiterns klar zu werden und dabei auch selbst in den Spiegel zu sehen. Ein Wechsel von Arbeitsplatz und Wohnung scheint einfacher als die Klärung der Schwierigkeiten, warum ich nicht mit anderen zurechtkomme. Solange ich aber unverändert aus einer Krise hervorgehen will, wird sie mich zerbrechen oder unweigerlich zur nächsten Katastrophe führen. Erst wenn ich mich von ihr befragen, von ihr in Frage stellen lasse, erst wenn ich den Weg nach innen antrete, kann ich gereifter aus ihr hervorgehen, sie mit Gewinn überwinden, wie einst Jakob aus dem Kampf am Jabbok hervorging: hinkend zwar, aber gesegnet und der aufgehenden Sonne entgegen (Gen 32,23–33). Denn nur so kann die Bilanz zum eigentlichen Kern vordringen, zum erschreckenden und schmerzlichen Bewußtsein, daß das Defizit nicht im Fehlen äußerer Bedingungen besteht, sondern in der eigenen Person begründet ist: ich bin nicht heil, bin nicht ich; »der, der ich bin, grüßt trauernd den, der ich sein möchte!« (F. Hebbel). Der Verlust eines geliebten Menschen ist mit Sicherheit ein ganz schweres Defizit. Aber nicht sein Fehlen macht die eigentliche Not aus, sondern das Fehlen von entwickelten Persönlichkeitsanteilen, die helfen würden, den Verlust zu verarbeiten.

Eine Krise, die zur Bilanz wird, ist deshalb wie eine Erinnerung, eine Erinnerung an die ursprünglichste Berufung überhaupt: werde, der du bist! Sie wird Anstoß zur psychischen Geburt, lange nachdem die physische erfolgt war. Am Anfang des Weges zu sich selbst steht eben meistens das Ende, das Erleben, daß es so wie bisher nicht mehr weitergehen kann. Nur das Ende kann genügend Motivation sein, den Anfang zu versuchen. Die Psychotherapie spricht vom Leidensdruck, der notwendig ist, wenn aus der Therapie etwas werden soll. Der Betroffene muß selbst so sehr am Gegenwärtigen leiden, daß er den nötigen Wunsch zur Veränderung aufbringt. Patienten, die von anderen »geschickt« werden nach dem Motto »tu' mal was an dir«, brechen in der Regel schon nach den ersten Stunden die Behandlung wieder ab. Es war ja nicht ihr Wunsch. Sie haben ja nicht selbst die Notwendigkeit einer Veränderung empfunden, auch wenn die Notwendigkeit objektiv besteht. Die offenbar so überflüssige Frage Jesu an den Kranken am Teich Bethesda »Willst du gesund werden?« (Joh 5,6) ist wohl doch nicht so sinnlos, sondern dient der notwendigen Klärung der Motivation.

Vielleicht ist unsere traditionelle Verkündigung und Seelsorge trotz aller Zielgruppenanalysen und Methodendiskussionen deshalb so frucht- und wirkungslos, weil sie dem Menschen etwas aufdrängen und einreden will, das er selbst gar nicht als nötig empfindet! Mögen all die Appelle, der Mensch müsse sich ändern, er brauche die Religion, um glücklich zu werden, objektiv noch so richtig sein: sie bleiben ohne Wirkung, solange der Angesprochene sein Leben nicht als unglücklich empfindet, oder solange er das Defizit im äußeren Bereich und nicht in sich selbst empfindet. Nur, wenn einer selbst will, weil er gar nicht mehr anders kann, kann der Weg beschritten werden.

Dieser Weg muß nicht in Form einer Psychotherapie beschritten werden. Eine Therapie ist nur da notwendig, wo einem Menschen keine eigenen Strategien mehr zur Verfügung stehen, mit einer Krise oder den gegenwärtigen Lebensaufgaben so umzugehen, daß sie nicht zerstörerisch, sondern reifend wirken. Ohnehin hat man es in der Therapie nicht mit anderen Themen, Erfahrungen und Schwierigkeiten zu tun als sonst auch. Wer ein psychodiagnostisches Buch liest, wird alle darin beschriebenen Krankheiten bei sich selbst wiederfinden, nicht weil er sie wirklich hätte, sondern einfach deshalb, weil ihre Inhalte und Probleme sich nicht von den allgemeinen Inhalten und Problemen menschlicher Lebensbewältigung unterscheiden. Der Unterschied zwischen »normal« und »neurotisch« ist oft kein struktureller, sondern eher ein gradueller Unterschied. In der Therapie aber sind die Vorgänge der Selbstwerdung durch die Reflexion mit Hilfe des Therapeuten viel bewußter. Daher ist es im folgenden oft leichter, an Stationen und Beispielen der Therapie (womit ich durchgehend die Form der Psychoanalyse meine) aufzuzeigen, um was es geht, ohne damit die Therapie zum einzigen Weg der Selbstwerdung zu erklären. Anhand ihrer Vorgänge wird nur wie im Vergrößerungsglas aufgezeigt, was für die menschliche Selbstwerdung und Identitätsfindung von grundsätzlicher Bedeutung ist.

7. Knechtschaft und Entfremdung

Unterdrückung der Hebräer

8 Da kam ein neuer König in Ägypten zur Herrschaft, der von Joseph nichts wußte. 9 Dieser sprach zu seinem Volke: »Seht, das Volk der Israeliten wird für uns zu zahlreich und zu stark. 10 Wir wollen klug gegen es vorgehen, damit es nicht noch zahlreicher wird und im Falle eines Krieges zu unseren Feinden übergeht, gegen uns kämpft und aus dem Lande wegzieht.« 11 Sie setzten darum über es Fronvögte, damit sie es durch ihre Fronarbeiten bedrückten. Es mußte Vorratsstädte für den Pharao bauen, nämlich Pitom und Ramses. 12 Aber je mehr sie es bedrückten, desto zahlreicher wurde es, und desto mehr breitete es sich aus, so daß sie vor den Israeliten ein Grauen erfaßte. 13 Deshalb zwangen die Ägypter die Israeliten zur Arbeit 14 und verbitterten ihnen das Leben durch harte Fron in Lehm und Ziegeln und durch allerlei Feldarbeit, durch alle Arbeiten, zu denen man sie zwang.

15 Darauf befahl der König von Ägypten den Hebammen der Hebräerinnen, von denen eine Schiphra, eine andere Pua hieß, 16 und sprach: »Wenn ihr den Hebräerinnen Geburtshilfe leistet, dann achtet auf die beiden Steine. Ist es ein Knabe, so tötet ihn; ist es ein Mädchen, so mag es am Leben bleiben.« 17 Doch die Hebammen fürchteten Gott und taten nicht, was ihnen der König von Ägypten befohlen hatte, sondern ließen die Knaben am Leben. 18 Da ließ der König die Hebammen kommen und sagte zu ihnen: »Warum tut ihr so und laßt die Knaben am Leben?« 19 Die Hebammen antworteten dem Pharao: »Die Hebräerinnen sind nicht wie die ägyptischen Frauen; sie sind so lebenskräftig, daß sie schon geboren haben, ehe die Hebammen kommen.« 20 Und Gott ließ es den Hebammen gut gehen. So vermehrte sich das Volk und wurde sehr stark. 21 Weil die Hebammen Gott fürchteten, schenkte er ihnen Nachkommenschaft.

22 Da gab der Pharao seinem ganzen Volk den Befehl: »Werfet alle Knaben, die den Hebräern geboren werden, in den Fluß; alle Mädchen aber laßt am Leben!«

Ex 1,8–22

Die Bilanz beginnt: ein neuer König ist zur Herrschaft gekommen. Die Lebenssituation hat sich also gewandelt, und zwar eindeutig zum Schlechten. Der König stellt das herrschende Prinzip dar. Er versinnbildlicht die Kräfte, von denen ein Mensch abhängig ist. Das können Regeln sein, denen wir uns selbstverständlich unterwerfen, es können Verhaltens- und Beziehungsmuster sein, die unsere Lebensführung bestimmen, Ängste, Zwänge und Komplexe, die uns im Griff haben. In diesem Falle hier sind es Kräfte, die unterdrücken (1,11), die einen nicht wachsen und erstarken lassen (1,9). Es sind Kräfte, die das Leben verbittern (1,14) und es zur Fron werden lassen, da sie zu allerlei Arbeiten zwingen (1,14), die nichts anderes einbringen, als daß man am Leben gelassen wird. Die Bilanz ist hart: das persönliche Leben als Knechtschaft, beherrscht von Kräften, die der eigenen Verfügungsgewalt entzogen sind; ein fremdbestimmtes Leben, das die Entwicklung einer eigenen Persönlichkeit bislang nicht zugelassen hat.

Ein solcher König können z. B. soziale Ängste sein. Ein davon beherrschter Mensch ist überzeugt, minderwertig zu sein. Er traut sich nichts zu, hat ständig Angst, sich zu blamieren, und versucht, jedes Risiko zu vermeiden. Seine Selbsteinschätzung ist völlig abhängig von der Beurteilung durch andere. Lehnen sie ihn ab, fühlt er sich in seiner Minderwertigkeit bestätigt, akzeptieren sie ihn, »so hört er zwar die Botschaft, allein ihm fehlt der Glaube«. Deshalb hat er ein starkes Bedürfnis nach Anerkennung und überlegt ständig, wie er das Wohlwollen der anderen gewinnen und möglichst nicht aufs Spiel setzen kann. Ein solcher Mensch ist eifrig, willig und nachgiebig gegenüber den Forderungen anderer. Weil er so quälend abhängig ist vom Wohlwollen der anderen, wird er alles versuchen, deren Erwartungen und Wünsche zu erahnen, um es ihnen möglichst recht zu machen, aber er wird trotzdem nie das ruhige Gefühl gewinnen, in Ordnung und akzeptabel zu sein. Die Überzeugung von der eigenen Minderwertigkeit und das Buhlen und Betteln um Anerkennung bestimmen ihn in allen seinen Lebensvollzügen. Es ist letztlich unechtes Leben, weil es die eigenen Wünsche, Vorstellungen und Regungen ignoriert und unterdrückt, sie zum Teil nicht einmal mehr wahrnehmen kann, aus keinem anderen Grund als dem, von den anderen am Leben gelassen zu werden. So lebt er ein Leben in Knechtschaft, bei dem ständig Fron-Arbeit, die von außen aufgezwungen wird, zu leisten ist und sein Eigenes niemals erstarken darf.

Ein solcher König können auch Schuldgefühle sein. Wer in der Lage ist, Schuldgefühle zu erzeugen, hat einen Menschen völlig in der Hand. Jedes Aufbegehren, jedes Denken an das eigene Wohl wird von ihnen sofort bestraft und im Keime erstickt. Es ist eine Herrschaft, die bis ins Unbewußte hinein ausgeübt wird. So hat die Psychoanalyse aufzeigen können, daß bei sogenannten »Unfalltypen«, Menschen also, denen ständig etwas zustößt, unbewußte Schuldgefühle ausschlaggebend sind. Wünsche und Bedürfnisse, die sich in der eigenen Seele meldeten, waren der Gewissensinstanz nicht akzeptabel und lösten dort die Tendenz zur Selbstbestrafung in Form der erhöhten Unfallneigung aus: ebenfalls ein Leben in Knechtschaft, bei dem das Ureigene unterdrückt wird und nicht wachsen darf, weil es als verwerflich erscheint.

So gibt es zahlreiche Könige, die einen mit ihrer Schreckensherrschaft im Griff haben können. Das Schlimme ist, daß diese Gefangenschaft vom Betroffenen oft gar nicht empfunden wird, obwohl es Außenstehenden zwingend deutlich wird. Etwa der erwachsene »Klassenclown«, der jede Gruppe sofort und ständig mit seinen Witzen und seinen Anekdoten unterhalten will. Was die anderen als peinliches Buhlen um Aufmerksamkeit und Anerkennung empfinden, wird er selbst als besonderes und die

Menschheit beglückendes Talent einschätzen. Ausbleibender oder mangelhafter Beifall wird ihn keineswegs zum Umdenken bewegen, sondern allenfalls verstärkte Clownerien auslösen. Ein anderes Beispiel sind die vielen, die nach Recht und Ordnung verlangen und Gehorsam für eine Tugend halten. Auch sie werden dies nicht als mangelnde Eigenständigkeit und Abhängigkeit von Autoritäten erleben. Oder die vielen Jugendlichen und auch Erwachsenen, die heute »Lacoste« und morgen »benetton« tragen müssen, werden dies keinesfalls als quälende Abhängigkeit empfinden, sondern im Gegenteil darin einen Ausdruck ihrer freien und individuellen Persönlichkeit sehen. Jedenfalls: der Frondienst wird nicht immer empfunden.

Immer aber ist der König ein konsequenter Feind jeder wirklichen Erneuerung und Veränderung. Alles, was sich an neuem Leben regt, muß getötet werden (1,16 und 1,22). Seine Todesschwadronen können vielerlei Gestalt haben. Sie können als Rund-um-die-Uhr-Programm erscheinen, das keine Lücke mehr läßt, in der man zur Ruhe und damit zum Nachdenken kommen könnte. Video- und Stereoanlagen helfen dabei. Sie können auch als abendlicher Alkoholkonsum auftreten, der jedes aufkeimende Gefühl ertränkt. Sie können auch völlig unbewußt arbeiten, indem sie Persönlichkeitsanteile, die als ungesetzlich und ungehörig empfunden werden, abspalten und verdrängen.

Dennoch aber – so tröstet die Exoduserzählung – ist die Neuwerdung, die Veränderung des Lebens trotz der äußersten Gefährdung noch nicht verloren. Die Seele findet Wege, die weiterführen, findet »Hebammen«, die dem winzigen Neuen zum Leben und zum Überleben helfen (1,17). Dieser optimistische Zug ist der Exodus-Erzählung, den Märchen und auch der Psychotherapie zu eigen. Was heute noch verzaubert, seiner ursprünglichen Gestalt und Schönheit beraubt ist, kann vielleicht morgen schon erlöst sein.

8. Wie alles anfing

11 Da kam über ganz Ägypten und Kanaan eine Hungersnot. Das Elend war groß, und unsere Väter fanden keine Nahrung. 12 Als Jakob hörte, in Ägypten gäbe es Getreide, sandte er unsere Väter ein erstes Mal dorthin. 13 Beim zweitenmal gab sich Joseph seinen Brüdern zu erkennen, und so wurde dem Pharao Josephs Herkunft bekannt. 14 Joseph ließ dann seinen Vater Jakob und die ganze Verwandtschaft kommen, fünfundsiebzig Seelen. 15 So zog denn Jakob nach Ägypten hinab, wo er starb.
Apg 7,11–15a/vgl. Gen 46

Jedes Drama hat seine Vorgeschichte, jede Fehlentwicklung ihre Ursachen. So geht die Psychotherapie ja davon aus, daß die Schwierigkeiten der Gegenwart Folgen unbewältigter Konflikte in der Vergangenheit sind. Dabei spielen nicht nur individualgeschichtliche Konflikte eine Rolle, die speziell in der Lebensgeschichte eines einzelnen vorkommen, sondern auch Krisen- und Konfliktphasen, die alle durchlaufen und bewältigen müssen wie z. B. das Erleben der Auflösung der ursprünglichen Mutter-Kind-Einheit gegen Ende des ersten Lebensjahres. Kann der Konflikt nicht angemessen gelöst werden, weil das Ich des Kindes überfordert ist, kommt es zur neurotischen Entwicklung.

Die Ursache des Ägyptenaufenthaltes, der in eine so totale Knechtschaft führte, wird in der biblischen Geschichte mit einer Hungersnot angegeben: die Väter fanden keine Nahrung mehr (7,11). Auch hier haben wir es wieder mit einem Symbol zu tun. Denn in der Nahrung geht es um die Befriedigung fundamentaler und lebenswichtiger Bedürfnisse. Deshalb eignet sie sich hervorragend zur Symbolisierung all dessen, was ein Mensch zum Leben braucht. »An der Frauenbrust treffen sich Liebe und Hunger« sagt Freud[21]. Denn er erkannte, daß Genährtwerden mehr bedeutet als die Zufuhr der notwendigen Kalorien und Vitamine. Das Stillen bedeutet vor allem auch Nahrung für das Selbstgefühl des Kindes. »Nur wenn das Kind in dieser Phase Geborgenheit, Wärme und automatische Befriedigung seiner Bedürfnisse erlebt, wird es sich aus der Einheit mit der Mutter mit der Überzeugung lösen können, auch als autonomes Individuum zu bekommen, was es braucht. Diese Überzeugung bildet die Grundlage eines gesunden Selbstgefühls. Ungenügende affektive Zuwendung und narzißtische › Nahrung‹ in der oralen Phase kann in die Psychose führen.«[22] Fehlende Nahrung bedeutet daher fehlende Wärme und Geborgenheit, fehlende Sicherheit und Intaktheit – wahrhaftig ein »großes Elend« (7,11). Was in einer solchen Situation geweckt wird, ist egozentrische Panik, die Angst zugrundezugehen. Eine Angst, die beim Kind, das ganz auf Versorgtwerden angewiesen ist, berechtigt ist, beim Erwachsenen aber in eine verteufelte Abhängigkeit mit zunehmender Deformierung des eigenen Lebens führt. So kann aus dem, was einst das Überleben garantierte, nämlich das Suchen nach Geborgenheit beim anderen, unversehens eine Knechtschaft werden, in der das eigene Selbst nicht mehr wachsen und erstarken kann. Der Ägyptenaufenthalt wird zur Gefangenschaft. Was anfangs gesucht und begehrt wurde, wird später Anlaß der Krise. Wir kennen Vergleichbares aus Entwicklungen in Ehen. Hatte der eine Ehepartner anfangs das lockere Verhältnis des anderen zur Ordnung und seine Spontaneität als wohltuende Freiheit und Lebendigkeit geschätzt, so erlebt er dies auf Dauer als chaotisch. Hatte umgekehrt der andere Ehepartner die Ordentlichkeit und Bedächtigkeit des einen anfangs als wohltuende Zuverlässigkeit und Sicherheit geschätzt, so wird er dies später als tödliche Zwangsjacke und Pedanterie erleben. Genauso können sich auch die eigenen Lebensbedingtheiten und -strukturen in ihrem Erleben wandeln.

Eine Patientin stammte aus asozialen Familienverhältnissen, in denen Alkohol, Sex und Gewalt den Alltag bestimmten. Um inmitten dieses ganzen Chaos wenigstens ein wenig Beachtung und Zuwendung zu erhalten, hatte sie eine überaus anpassungswillige, unterwürfige und duldsam depressive Haltung entwickelt, in der sie keine eigenen Wünsche und Forderungen mehr zu stellen wagte, dafür aber jederzeit bereit war, die Erwartungen der anderen zu erfüllen. In der Schulzeit entwickelte sie über eine vertraute Beziehung zu einem Priester eine starke Bindung an die Kirche, die ihr endlich die vermißte Führung bot und gleichzeitig Lohn für ihren depressiven Kampf gegen sich selbst in Aussicht stellte. In den Idealen der Schönstattbewegung mit ihrer Verteufelung alles Sexuellen fand sie Unterstützung, die haltlose Triebhaftigkeit des Elternhauses abzuwehren. Beides aber, was ihr anfangs das Überleben garantierte, sowohl die hohe Bereitschaft zur Anpassung bei gleichzeitiger Unterdrükkung eigener Wünsche, wie auch die Abwehr und Verdrängung des Sexuellen, führte später durch eine bis zur Unerträglichkeit zunehmende Verstrickung in Schuldgefühle zu einer schweren Depression mit mehreren Selbstmordversuchen. Das rettende Ägypten war zur todbringenden Knechtschaft geworden.

Ein anderer Vorgang, der vielen zu schaffen macht, sind die Prozesse bei der bereits erwähnten Auflösung der ursprünglichen Mutter-Kind-Einheit. Noch während des ersten Lebensjahres hält das Kind sich und die Mutter für eine Einheit wie vor der Geburt, ohne daß es dabei zwischen Ich und Nicht-Ich unterscheiden könnte. Diese Differenzierung setzt erst gegen Ende des ersten Lebensjahres ein. Während dieser Phase fremdelt das Kind gegenüber der Mutter, nicht zuletzt auch deshalb, weil es die Auflösung der Einheit, die zudem noch mit der Entwöhnung zusammenfällt, wie eine Vertreibung aus dem Paradies erlebt. Die Trennung ist ambivalent, d. h. auf der einen Seite ist sie die unerläßliche Voraussetzung und große Chance der Selbstwerdung, auf der anderen Seite aber bedeutet sie einen Verlust von Geborgenheit und Sicherheit. So ist diese Entwicklung von Ängsten begleitet. Reagiert die Mutter auf diese Prozesse verunsichert, weil sie etwa das Gefühl hat, das Kind möge sie nicht mehr oder sie sei eine schlechte Mutter, spürt das Kind diese Verunsicherung und erlebt sich als deren Verursacher. Es muß von daher den Eindruck gewinnen, daß es durch seine Entwicklung schuldhaft die lebenswichtige Beziehung zur Mutter gefährdet. Infolge dessen wird es alle aufkeimenden aggressiven Gefühle ob der Vertreibung unterdrücken müssen und auch in Zukunft jederzeit bei seinen Trennungsängsten zu packen sein. Was in seinem Ursprung wieder eine Überlebensfrage war, nämlich die Verdrängung aggressiver Impulse, weil das Ich des Kindes dem Ansturm von Angst, Wut, Enttäuschung und Verunsicherung nicht gewachsen war, ist auf Dauer ein ganz subtiles Mittel der Knechtschaft. Denn durch die ausgesprochene oder auch nur signalisierte Drohung: »Wenn du nicht tust, was ich will, dann mag ich dich nicht mehr« sind die Trennungsängste jederzeit neu zu mobilisieren. Wir erleben dies beispielsweise dann, wenn wir eigentlich Farbe bekennen müßten, aber unsere Meinung zurückhalten aus Angst, »allein zu stehen«. Ägypten ist zur Knechtschaft geworden.

9. Die Alternative

Der brennende Dornbusch

3 1 Mose hütete die Schafe seines Schwiegervaters Jetro, des Priesters von Midian. Einmal trieb er die Schafe über die Steppe hinaus und kam zum Berge Gottes, zum Horeb. 2 Da erschien ihm der Engel Jahwes in einer Feuerflamme, mitten aus einem Dornbusch heraus. Und er sah hin, und siehe, der Dornbusch brannte im Feuer, aber der Dornbusch wurde nicht verzehrt. 3 Da dachte Mose: »Ich will doch hingehen und dieses seltsame Schauspiel betrachten, warum der Dornbusch nicht verbrennt.« 4 Als Jahwe sah, daß er herantrat, um nachzusehen, rief Gott ihm aus dem Dornbusch zu: »Mose, Mose!« Dieser antwortete: »Hier bin ich!« 5 Da sprach er: »Tritt nicht näher heran! Ziehe deine Schuhe von deinen Füßen, denn der Ort, auf dem du stehst, ist heiliger Boden!« 6 Und er fuhr fort: »Ich bin der Gott deines Vaters, der Gott Abrahams, der Gott Isaaks und der Gott Jakobs.« Da verhüllte Mose sein Angesicht; denn er fürchtete sich, Gott anzuschauen.

Sendung des Mose

7 Und Jahwe sprach: »Ich habe das Elend meines Volkes, das in Ägypten ist, wohl gesehen, und ihr Schreien über ihre Treiber habe ich gehört; ja, ich kenne seine Leiden. 8 Darum bin ich herabgestiegen, um es aus der Gewalt der Ägypter zu befreien und es aus diesem Land herauszuführen in ein schönes und geräumiges Land, in ein Land, das von Milch und Honig fließt, in das Gebiet der Kanaaniter, Hethiter, Amoriter, Perisiter, Hiwwiter und Jebusiter. 9 Jetzt aber, siehe, das Schreien der Israeliten ist zu mir gedrungen, und ich habe auch die Bedrängnis gesehen, mit der die Ägypter sie quälen. 10 So gehe nun! Ich will dich zu dem Pharao senden. Führe mein Volk, die Israeliten, aus Ägypten heraus!«

11 Mose aber sprach zu Gott: »Wer bin ich, daß ich zu dem Pharao gehe und die Israeliten aus Ägypten herausführe?« 12 Er erwiderte: »Ich werde mit dir sein. Und dies soll dir als Zeichen dienen, daß ich es bin, der dich sendet ... Wenn du das Volk aus Ägypten herausgeführt hast, werdet ihr Gott auf diesem Berg verehren.«

13 Da sprach Mose zu Gott: »Wenn ich zu den Israeliten komme und ihnen sage: ›Der Gott eurer Väter hat mich zu euch gesandt‹, und sie mich dann fragen: ›Wie lautet sein Name?‹, was soll ich ihnen antworten?« 14 Da sprach Gott zu Mose: »Ich bin der Ich-bin!« Und er fuhr fort: »So sollst du zu den Israeliten sprechen: Der Ich-bin hat mich zu euch gesandt.« 15 Und weiter sagte Gott zu Mose: »So sollst du zu den Israeliten sprechen: Jahwe, der Gott eurer Väter, der Gott Abrahams, der Gott Isaaks und der Gott Jakobs, hat mich zu euch gesandt. Dies ist mein Name für alle künftige Zeit und dies meine Benennung von Geschlecht zu Geschlecht.«

Ex 3,1–15

Nachdem die Bilanz das eigene Leben als Knechtschaft und Entfremdung erwiesen hat, geboren aus der Sehnsucht nach Geborgenheit, Anerkennung und Daseinsberechtigung, stellt sich mit aller Macht die Frage, wie man jener zerstörerischen Fremdherrschaft entkommen kann. Die Antwort des Glaubens ist im weiteren Verlauf der Exodus-Geschichte dargestellt. Sie gipfelt in der Erfahrung und dem Bekenntnis: »Unser Gott befreit!«[23]. Während die Unterwerfung unter den mächtigen Einfluß anderer Menschen nur vordergründig Raum zu Leben schafft, in Wahrheit aber das Fruchtbarwerden des eigenen Lebens als Entwicklung einer individuellen Persönlichkeit verhindert, kann nur das Achten auf die Weisung Gottes ein Leben erschließen, das »schön, geräumig und von Milch und Honig überfließend« (3,8) ist, in dem es also Freiheit und genügend der vermißten »Nahrung« gibt. Aus dem Blickwinkel Gottes wird die Einschätzung des Lebens als »Elend« und »Leiden« geteilt. Dabei offenbart sich Gott als Feind aller Zerrformen des Daseins, als Rebell, der zu Aufstand und Befreiung locken will (3,7 f.). In dieser Entschiedenheit kommt er auf den Menschen zu und bietet sich ihm als Wegweiser und Wegbegleiter an (3,8.12.14). Es ist Israels Überzeugung, daß nur Gott Wege weist, die den Lebens-, Selbstwerde- und Selbsthabeinteressen des Menschen nicht zuwiderlaufen, sondern dieselben garantieren. Die Alternative zur angstbestimmten Unterwerfung unter die Erwartungen und Forderungen anderer Menschen ist einzig und allein die vertrauensvolle Bindung an Gott und seine Weisung.

Von der gleichen Erfahrung und Überzeugung weiß sich auch Jesus getragen und bestimmt. Er, der sich gerufen fühlt, »den Gefangenen Befreiung anzusagen« (Lk 4,19), mahnt deshalb eindringlich, das »Schema Israel...« (d.h. »Höre Israel, dein Gott ist alleinzig«) zu wahren: »Ihr alle seid Brüder. So sollt ihr niemanden unter euch auf Erden Vater nennen, denn nur einer ist euer Vater, der im Himmel!« (Mt 23,8f.). Dazu schreibt Karl Herbst: »Für Jesus ist Gott ohne Wenn und Aber die einzige Autorität. Also ist es gottwidrig, sich vor Menschen zu beugen, auch wenn sie Gottes Autorität für sich beanspruchen. Diese stolze Menschenfreiheit eines Gottesknechtes hat Jesus in den Verfolgungslogien gelehrt: Habt keine Angst vor den Großen! Aber wie tief er von der Alleinautorität Gottes durchdrungen war, das zeigte sich ›nebenbei‹, als er eine gutgemeinte Kniebeuge vor ihm als dem ›guten Meister‹ zornig ablehnte: Gott allein ist der Gute und somit das Richtmaß des Guten. Was ER gebietet, führt zum Leben.«[24] Nur die absolute Bedeutung, die Gott zukommt, ist in der Lage, alles andere in seiner Bedeutung zu relativieren. Sich von Gott durchherrschen zu lassen, statt sich von anderen beherrschen zu lassen, eröffnet einen Lebensraum, in dem der Mensch er selbst sein kann und sein darf.

»Es gibt nur diese beiden Möglichkeiten: entweder man hört aus Angst nach außen auf das, was andere einem sagen und vorschreiben, dann wird man unweigerlich anfangen, ›fremden Göttern zu dienen‹, wie die Bibel sagt, und das ganze Leben wird dann von Mächten bestimmt sein, die unsere Freiheit zerstören und unser eigenes Wesen vernichten; oder man hat den Mut, auf Gott zu hören, der sich Israel gezeigt hat als der ›Gott deiner Väter‹, als der Gott, der dem eigenen Wesen, dem eigenen angestammten Sein entspricht; – nur dann wird man aus der Angst und der mythischen Vergötterung der Umwelt heraustreten. ... Wenn wir wissen, daß wir vor Gott sein dürfen und vor Gott gut genug sind, so kann uns keine Macht der Welt mehr daran hindern, zu leben, selber zu leben.«[25] Erneut erweist sich hier der biblische Glaube als zutiefst herrschaftskritisch und emanzipatorisch. Auch wenn dieser Grundzug in der Verkündigung Jesu mit einem Herrschaftsbegriff, dem der Gottesherrschaft, umschrieben wird, geht es in der Alternative nicht um einen Wechsel der Herren, der an der Grundstruktur des Knechtseins nichts ändern würde, sondern darum, sich von der Erfahrung des bedingungslosen und unumstößlichen Bejahtseins von Gott her durchherrschen und erfüllen zu lassen. Einzig diese therapeutische Dimension eines absolut zuverlässigen Beistands, »Ich-werde-dasein (für euch)« (3,14)[26], ist in der Lage, die Angst zu heilen, und das Selbst wachsen, erstarken und fruchtbar werden zu lassen. Schon als Schulkind empfand ich dies als einen der faszinierendsten Züge der Exodus-Erzählung: daß Gott bei der Sache und bei seinem Wort bleibt, trotz aller Widerspenstigkeit und trotz des ständigen »Maulens« der zu Befreienden.

Das Hören auf die Weisung Gottes erfordert allerdings ein neues Verständnis von Gehorsam. »Der Mensch, der sich an die Weisung Gottes hält, ist nicht Knecht eines strengen Über-Ich, sondern Hörender und Horchender auf die Not-wendigkeiten des Lebens.«[27] In den Märchen sind es oft sprechende Tiere, die dem Menschen entscheidende Hinweise geben. In ihnen versinnbildlicht sich so etwas wie die Weisheit der Natur und die Sicherheit der Instinkte. Mag sie auch überhört werden oder unbeachtet bleiben, sie ist in jedem Fall da. Sie kann sich in Gedanken und Tendenzen äußern, die sich immer wieder aufdrängen und die wir nicht loswerden. Auch die Traumarbeit der Therapie ist das Bemühen, auf diese Stimme zu achten. Wer den Weg in die Freiheit sucht, ist darum gut beraten, dieser Stimme Gehör und Gehorsam zu schenken. Selbst-Wahrnehmung ist demnach eine ganz entscheidende Voraussetzung für die Selbst-Werdung.

10. Kompromißversuche

Erste Unterredung mit dem Pharao

5 1 Darauf gingen Mose und Aaron hin und sagten zu dem Pharao: »So spricht Jahwe, der Gott Israels: Gib mein Volk frei, daß es mir in der Wüste ein Fest feiere!« 2 Der Pharao erwiderte: »Wer ist Jahwe, dessen Befehl, Israel freizugeben, ich gehorchen soll? Ich kenne Jahwe nicht und werde Israel nicht freigeben.« 3 Sie entgegneten: »Der Gott der Hebräer ist uns begegnet. Wir sollen drei Tagreisen weit in die Wüste gehen und Jahwe, unserem Gott, dort opfern, sonst wird er uns mit der Pest oder mit dem Schwerte schlagen.« 4 Darauf erwiderte ihnen der König von Ägypten: »Warum wollt ihr, Mose und Aaron, das Volk von seiner Arbeit abhalten? Geht an euren Frondienst!« 5 Und weiter sagte der Pharao: »Zahlreich ist jetzt die (einheimische) Bevölkerung, und da wollt ihr es noch von seinem Frondienst ausruhen lassen?«

Anweisungen an die Fronvögte

6 An dem gleichen Tage befahl der Pharao den Fronvögten des Volkes und dessen Aufsehern: 7 »Künftig sollt ihr den Leuten kein Stroh mehr zur Anfertigung von Ziegeln liefern wie bisher. Sie sollen selbst hingehen und Stroh sammeln. 8 Aber die festgesetzte Menge von Ziegeln, die sie seither angefertigt haben, müßt ihr von ihnen einfordern! Nichts dürft ihr davon nachlassen! Denn sie sind faul. Darum schreien sie: ›Wir wollen fortziehen, um unserm Gott zu opfern!‹ 9 Den Leuten muß die Arbeit erschwert werden, damit sie daran zu tun haben und nicht auf lügenhafte Reden achten.«

10 Da gingen die Fronvögte des Volkes und die Aufseher hinaus und sagten zu dem Volk: »So spricht der Pharao: Ich lasse euch kein Stroh mehr liefern. 11 Ihr müßt selbst gehen und euch Stroh holen, wo ihr es findet. Doch von eurer Arbeit wird euch nichts gekürzt.«
12 Da zerstreute sich das Volk im ganzen Land Ägypten, um Stoppeln zur Bereitung der Spreu zu sammeln. 13 Die Fronvögte aber drängten: »Ihr müßt jeden Tag die gleiche Leistung vollbringen wie früher, als euch noch das Stroh geliefert wurde!« 14 Die Aufseher der Israeliten, die von den Fronvögten des Pharao über sie gesetzt waren, wurden geschlagen, indem man sagte: »Warum habt ihr die bisherige Menge Ziegel nicht gestern und heute fertiggebracht?«

Klage der hebräischen Aufseher

*15 Da kamen die Aufseher der Israeliten zu dem Pharao und
klagten: »Warum läßt du so mit deinen Knechten verfahren? 16
Es wird deinen Knechten kein Stroh mehr geliefert, doch Ziegel,
sagt man uns, schafft herbei! Nun werden deine Knechte sogar
geschlagen . . .« 17 Er aber antwortete: »Ihr seid faul, ja faul!
Darum sagt ihr: ›Wir wollen gehen und Jahwe ein Opfer darbringen!‹*

*22 Da wandte sich Mose an Jahwe und sprach: »Herr, warum
läßt du diesem Volk solches Leid widerfahren? Wozu hast du mich
denn gesandt? 23 Seitdem ich zu dem Pharao gegangen bin, um
in deinem Namen zu reden, behandelt er dieses Volk nur noch übler.
Du aber hast dein Volk nicht gerettet.«*

Ex 5,1–15,22 f.

Wenn einem die eigene Lebenssituation krisenhaft als
quälende Abhängigkeit und mangelnde Selbstverwirklichung bewußt wird und dazu noch Perspektiven deutlich
werden, wie es anders werden soll, wenn außerdem die
Bereitschaft da ist, in Zukunft verstärkt auf das zu achten,
was sich in der eigenen Seele regt und zum Leben kommen will, dann ist damit noch längst nicht die große
Wende da, die von nun an dem Leben eine völlig neue
Gestalt verleiht. Aus der langjährigen Sklavenmentalität
wird so schnell kein Selbstbewußtsein. Daher ist es nicht
verwunderlich, daß Mose und die Israeliten keinen Aufstand wagen, sondern »den Amtsweg einhalten« und den
Pharao um Erlaubnis bitten (5,1). Denn die erste Veränderung in Richtung Freiheit besteht nicht darin, daß man
sich mit einem Schlag aller bisherigen so mächtigen und
bestimmenden Verhaltensmuster entledigen könnte. Sie
wird vielmehr in dem Versuch bestehen, sich das bislang
so enge Korsett aus Ängsten, Zwängen und Schuldgefühlen ein wenig zu lockern. Ein solcher Versuch kann darin
bestehen, sich mit der Vernunft klar zu machen (= sich zu
erlauben!), daß dieser oder jener Wunsch doch gar nicht
so schlimm sei. Etwa, wenn man sich vor Augen hält, daß
sexuelle Wünsche und Vorstellungen »natürlich und an

sich noch nichts Schlimmes« sind. Ein solcher Versuch aber gelingt nicht, der Pharao lehnt ab (5,2). Denn eine tragfähige Veränderung ist weniger eine Frage der Einsicht als vielmehr eine Frage der Gefühle. Der Verstand sieht vieles ein, was die Gefühle noch lange nicht nachvollziehen können. Therapien brauchen deshalb viel Zeit, weil eine emotionale Nachreifung erfolgen muß. Die Kompromißversuche wirken sogar verheerend: alles wird nur noch schlimmer (5,7f.23).

Da versucht z.B. eine ängstliche Seele mit unendlich viel Mut und Überwindung, in einer Gruppe einen persönlichen Wunsch anzumelden, der – unbeholfen und mit Zögern vorgetragen – überhört oder abgelehnt wird. Schon wird dieser Versuch zum Bumerang, der das Gefühl der eigenen Unmöglichkeit und Unfähigkeit verstärkt. Ein anderer versucht mit ebenso viel Mut, in einer Gesprächsrunde einmal nicht mehr der stumme Zuhörer zu bleiben, sondern selber etwas zu sagen. Aber die unbeholfenen Worte, die kein großes Interesse wecken, der Witz, der nicht so richtig ankommt, werden zum Mißerfolg, der das Gefühl der eigenen Nichtigkeit nur noch schlimmer macht. Der Versuch, einmal ein paar Mark für etwas Zweckloses und Unnützes auszugeben, das nur einfach Spaß macht, wird spätestens bei der Tagesschau mit ihren Bildern von verhungernden Kindern aus der Sahelzone zum unverzeihlichen Egoismus. Der Versuch, sich anderen gegenüber etwas mehr zu öffnen und ihnen etwas von der eigenen Gefühlswelt zu zeigen, wird zur unverzeihlichen Sentimentalität, zur Blöße, die nicht mehr zu verdecken ist und jederzeit gegen einen verwandt werden kann.

Wie dem auch sei: jeder noch so kleine Versuch, die gewohnte Enge zu durchbrechen, jeder noch so kleine Versuch, vom Pharao ein Stück mehr Freiheit zu erbitten, jeder Kompromißversuch zwischen erkannter Knechtschaft und gewünschter Freiheit macht alles nur noch schlimmer. Eine Flut von Schuldgefühlen, Gefühlen der Lächerlichkeit und der Ablehnung wird die unvermeidliche Folge sein (5,7–9). »Hätte ich doch bloß nie...!« lautet der bittere Selbstvorwurf. Es ist in der Tat so, als ob die Erkenntnis der eigenen Lebenssituation und die wirklich bescheidenen Versuche, sie zu verändern, alles nur noch schlimmer gemacht hätten (5,23). Doch ist eine Veränderung anders gar nicht möglich als über solche zögernden Versuche und ihre belastenden Wirkungen. Offenbar muß alles noch schlimmer werden, ehe die Herrschaftsstrukturen ihre Macht verlieren und weder ein innerer Pharao noch ein äußerer Pharao um Rat und Ermächtigung gefragt werden muß.

11. Wie schaffe ich den Pharao?

1. Plage: Das in Blut verwandelte Wasser

14 Darauf sagte Jahwe zu Mose: »Das Herz des Pharao ist verhärtet; er weigert sich, das Volk zu entlassen. 15 Geht morgen in der Frühe zu dem Pharao, wenn er zum Fluß hinabsteigt, und tritt ihm am Nilufer entgegen. Nimm den Stab, der sich in eine Schlange verwandelt hatte, in deine Hand 16 und sprich zu ihm: Jahwe, der Gott der Hebräer, hat mich zu dir gesandt mit dem Befehl: Gib mein Volk frei, daß es mir in der Wüste diene! Aber du hast bis jetzt nicht hören wollen. 17 So spricht Jahwe: Daran sollst du erkennen, daß ich Jahwe bin. Siehe, ich werde jetzt mit dem Stabe, der in meiner Hand ist, auf das Wasser des Nils schlagen, und es wird sich in Blut verwandeln. 18 Die Fische im Nil werden sterben, der Nil wird stinkend werden, so daß die Ägypter sich ekeln, Wasser aus dem Nil zu trinken.«

19 Jahwe sagte zu Mose: »Sprich zu Aaron: Nimm deinen Stab und strecke deine Hand über die Gewässer der Ägypter aus, über ihre Stromarme und ihre Kanäle, ihre Tümpel und über alle ihre Wasserstellen, damit sie zu Blut werden. Blut soll im ganzen Land Ägypten sein, selbst in den hölzernen und steinernen Gefäßen.« 20 Mose und Aaron taten, wie Jahwe befohlen hatte. Er erhob den Stab und schlug das Wasser des Nils vor den Augen des Pharao und seiner Diener, und es wurde alles Wasser im Nil in Blut verwandelt. 21 Die Fische im Nil starben, und der Nil wurde stinkend, so daß die Ägypter kein Wasser aus dem Nil zu trinken vermochten; überall in Ägypten war Blut. 22 Doch die ägyptischen Zauberer taten mit ihren Zauberkünsten dasselbe. Deshalb blieb das Herz des Pharao verstockt, und er hörte nicht auf sie, wie es Jahwe vorausgesagt hatte. 23 Der Pharao wandte sich ab und ging in sein Haus; er nahm dies nicht zu Herzen. 24 Alle Ägypter gruben rings um den Nil nach Trinkwasser; denn sie konnten das Nilwasser nicht trinken. 25 So vergingen volle sieben Tage, nachdem Jahwe den Nil geschlagen hatte.

2. Plage: Die Frösche

26 Darauf sagte Jahwe zu Mose: »Gehe zu dem Pharao und sprich zu ihm: So spricht Jahwe: Gib mein Volk frei, damit es mir diene! 27 Wenn du dich weigerst, es zu entlassen, dann werde ich das ganze Land Ägypten mit Fröschen plagen. 28 Der Nil soll von Fröschen wimmeln. Sie sollen herauskommen und in dein Haus eindringen, in dein Schlafgemach und auf dein Bett, in die Häuser deiner Diener und deiner Untertanen, in deine Backöfen und Teigmulden. 29 Ja an dir selbst, an deinen Dienern und allen deinen Untertanen werden die Frösche hinaufhüpfen.«

8 1 Weiter sprach Jahwe zu Mose: »Befiehl Aaron: Strecke deine Hand mit deinem Stab über die Flußarme, über die Kanäle und Tümpel aus und lasse die Frösche über Ägypten kommen!« 2 Aaron streckte seine Hand über die Gewässer Ägyptens aus. Da kamen Frösche und bedeckten das Land Ägypten. 3 Aber die Zauberer taten dasselbe mit ihren Zauberkünsten und ließen Frösche über Ägypten kommen.

4 Da ließ der Pharao Mose und Aaron rufen und sagte: »Legt bei Jahwe Fürsprache ein, daß er die Frösche von mir und meinem Volk wegnehme! Ich will alsdann das Volk entlassen, damit es Jahwe opfere.« 5 Mose antwortete dem Pharao: »Verfüge über mich! Wann soll ich für dich, für deine Diener und für dein Volk darum bitten, welchen Zeitpunkt soll ich festsetzen, an dem die Frösche von dir, von deinen Untertanen und aus euren Häusern beseitigt werden und nur noch im Nil übrigbleiben?« 6 Er sprach: »Morgen!« Da sagte jener: »Es soll nach deinem Wunsch geschehen, damit du erkennst, daß keiner ist wie Jahwe, unser Gott. 7 Die Frösche werden von dir, von deinem Hause, von deinen Dienern und von deinem Volke weichen; nur noch im Nil werden sie verbleiben.«

8 Da gingen Mose und Aaron von dem Pharao weg, und Mose schrie zu Jahwe wegen der Frösche, die er dem Pharao geschickt hatt. 9 Und Jahwe erhörte die Bitte des Mose. Die Frösche in den Häusern, den Gehöften und auf den Feldern starben. 10 Man schüttete sie in Haufen zusammen, so daß das Land davon stank. 11 Als der Pharao sah, daß man wieder atmen konnte, verhärtete er sein Herz und hörte nicht auf sie, wie Jahwe vorausgesagt hatte.

3. Plage: Die Stechmücken

12 Nun sagte Jahwe zu Mose: »Sprich zu Aaron: Strecke deinen Stab aus und schlage damit in den Staub des Bodens, und er wird in ganz Ägypten zu Stechmücken werden.« 13 Aaron streckte seine Hand mit dem Stabe aus und schlug damit in den Staub des Bodens. Da kamen Stechmücken über Menschen und Vieh. Aller Staub des Bodens wurde in ganz Ägypten zu Stechmücken. 14 Die ägypti-

schen Zauberer suchten mit ihren Zauberkünsten ebenfalls Stechmücken hervorzubringen; aber sie konnten es nicht. Die Stechmük-
ken kamen über Menschen und Vieh.   15 Da sagten die Zauberer
zu dem Pharao: »Das ist der Finger Gottes!« Das Herz des Pharao
aber blieb verstockt, und er hörte nicht auf sie, wie es Jahwe
vorausgesagt hatte.

4. Plage: Die Bremsen

16 Darauf sprach Jahwe zu Mose: »Tritt morgen in der Frühe
vor den Pharao, wenn er zum Nil hinabgeht, und sage zu ihm: So
spricht Jahwe: Gib mein Volk frei, damit es mir diene!   17 Wenn
du dich weigerst, mein Volk zu entlassen, dann bringe ich über dich
und deine Diener, über dein Volk und deine Häuser Bremsen, daß
die Häuser Ägyptens, selbst der Boden, auf dem sie stehen, voll von
Bremsen sein werden.   18 Doch werde ich an jenem Tag mit dem
Lande Goschen, in dem mein Volk wohnt, eine Ausnahme machen,
so daß es dort keine Bremsen gibt, damit du erkennst, daß ich,
Jahwe, inmitten des Landes bin.   19 Ich werde scheiden zwischen
meinem Volk und zwischen deinem Volk. Morgen soll dieses Wunderzeichen geschehen.«   20 Und Jahwe tat so. Es kamen Bremsen
in großer Menge in das Haus des Pharao, in die Wohnungen seiner
Diener, über ganz Ägypten. Das Land hatte unter den Bremsen
schwer zu leiden.

21 Da ließ der Pharao Mose und Aaron rufen und sprach:
»Wohlan, so bringt eurem Gott ein Opfer dar, aber im Lande!«
22 Mose entgegnete: »Es geht nicht an, dies zu tun. Wir opfern
Jahwe, unserm Gott, gerade die Tiere, die zu opfern den Ägyptern
eine Gotteslästerung ist. Wenn wir Opfer darbringen würden, die
ein Greuel in den Augen der Ägypter sind, würden sie uns da nicht
steinigen?   23 Wir wollen drei Tagereisen weit in die Wüste ziehen
und dort Jahwe, unserm Gott, das Opfer darbringen, das er uns
aufgetragen hat.«   24 Darauf erwiderte der Pharao: »Ich will
euch ziehen lassen; ihr sollt Jahwe, eurem Gott, ein Opfer darbringen, nur dürft ihr euch nicht zu weit entfernen. Legt für mich
Fürsprache ein!«   25 Mose antwortete: »Sobald ich von dir
weggegangen bin, werde ich bei Jahwe Fürsprache einlegen. Morgen sollen die Bremsen von dem Pharao, von seinen Dienern und
von seinen Untertanen weichen. Nur möge der Pharao das Volk
nicht nochmals täuschen, indem er es nicht entläßt, damit es Jahwe
opfere.«   26 Als Mose von dem Pharao weggegangen war, legte er
Fürsprache bei Jahwe ein.   27 Und Jahwe erfüllte die Bitte des
Mose und ließ die Bremsen von dem Pharao, von seinen Dienern
und von seinen Untertanen weichen. Nicht eine blieb übrig.

28 Der Pharao aber verhärtete auch diesmal sein Herz und ließ das Volk nicht ziehen.

5. Plage: Viehseuche

9 1 Nun sprach Jahwe zu Mose: »Gehe zu dem Pharao und sage zu ihm: So spricht Jahwe, der Gott der Hebräer: Gib mein Volk frei, damit es mir diene! 2 Wenn du dich weigerst, es zu entlassen, und es noch weiter festhältst, 3 dann kommt die Hand Jahwes über dein Vieh, das auf dem Felde ist, über die Pferde, die Esel, die Kamele, die Rinder und die Schafe, eine schlimme Seuche. 4 Doch wird Jahwe einen Unterschied zwischen dem Vieh der Israeliten und dem Vieh der Ägypter machen. Es wird kein Stück, das den Israeliten gehört, verenden.« 5 Jahwe bestimmte auch die Zeit, indem er sagte: »Morgen wird Jahwe dies über das Land kommen lassen.« 6 Und Jahwe ließ es am folgenden Tag eintreten. Es starb alles Vieh der Ägypter; von dem Vieh der Israeliten aber starb nicht ein einziges Stück. 7 Als der Pharao nachforschen ließ, da war von dem Vieh der Israeliten nicht ein einziges Stück gefallen. Dennoch blieb das Herz des Pharao verstockt, und er entließ das Volk nicht.

6. Plage: Die Geschwüre

8 Da sprach Jahwe zu Mose und Aaron: »Nehmt eure Hände voll Ofenruß! Mose soll ihn vor den Augen des Pharao gegen den Himmel streuen. 9 Er wird zu feinem Staub über ganz Ägypten werden und zu Beulen, die an Menschen und am Vieh in ganz Ägypten als Geschwüre aufbrechen.« 10 Da nahmen sie Ofenruß, traten vor den Pharao, und Mose streute ihn gegen den Himmel. Es entstanden Beulen, die an Menschen und Vieh als Geschwüre aufbrachen. 11 Die Zauberer konnten wegen der Geschwüre Mose nicht entgegentreten; denn die Beulen waren an den Zauberern und an allen Ägyptern ausgebrochen. 12 Jahwe aber verhärtete das Herz des Pharao, und dieser hörte nicht auf sie, wie es Jahwe vorausgesagt hatte.

7. Plage: Der Hagel

13 Nun sprach Jahwe zu Mose: »Tritt morgen früh vor den Pharao hin und sage ihm: So spricht Jahwe, der Gott der Hebräer: Gib mein Volk frei, damit es mir diene! 14 Denn diesmal will ich alle meine Plagen gegen dich, gegen deine Diener und gegen deine Untertanen kommen lassen, damit du erkennst, daß auf der ganzen Erde keiner ist wie ich. 15 Ich hätte jetzt schon meine Hand ausstrecken und dich und dein Volk durch die Pest schlagen können, daß du von der Erde verschwunden wärest. *16* Aber ich ließ dich trotzdem am Leben, um dir meine Macht zu zeigen und damit mein Name auf der ganzen Erde verkündet werde. *17* Wenn du mein Volk noch weiter zurückhältst und es nicht freigibst, *18* dann lasse ich morgen um diese Zeit einen sehr schweren Hagel niedergehen, wie es in Ägypten noch keinen von den Tagen seiner Gründung an bis jetzt gegeben hat. *19* Schicke also hin und laß dein Vieh und alles, was du auf dem Felde hast, in Sicherheit bringen. Alle Menschen und alles Vieh, das auf dem Felde ist und nicht unter Dach gebracht wird, werden umkommen, wenn der Hagel auf sie niedergeht.« *20* Wer von den Dienern des Pharao das Wort Jahwes fürchtete, brachte seine Knechte und sein Vieh in die Häuser in Sicherheit. *21* Wer aber das Wort Jahwes nicht zu Herzen nahm, der ließ seine Knechte und sein Vieh auf dem Felde.

22 Jahwe sprach zu Mose: »Strecke deine Hand gegen den Himmel aus, damit der Hagel über ganz Ägypten falle, über Menschen und Tiere und über das Kraut des Feldes im Land Ägypten.« *23* Mose streckte den Stab gegen den Himmel aus. Da ließ Jahwe donnern und hageln, und Blitze fuhren zur Erde nieder; und Jahwe ließ Hagel über Ägypten niedergehen. *24* Es war ein Hagel, mit unaufhörlichen Blitzen inmitten, so furchtbar, wie man ihn in ganz Ägypten noch nie erlebt hatte, seitdem es von einem Volk bewohnt ist. *25* Der Hagel erschlug in ganz Ägypten alles, was auf dem Felde war, Menschen und Vieh, auch alles Kraut des Feldes vernichtete der Hagel und zerschmetterte alle Bäume auf dem Felde. *26* Nur im Lande Goschen, in dem die Israeliten wohnten, fiel kein Hagel.

27 Nun sandte der Pharao hin und ließ Mose und Aaron rufen und sagte zu ihnen: »Diesmal bekenne ich mich schuldig. Jahwe ist im Recht, ich und mein Volk, wir sind im Unrecht. *28* Bittet Jahwe, daß der Gottesdonner und der Hagel ein Ende nehme; ich will euch entlassen, ihr braucht nicht länger zu bleiben.« *29* Mose sprach zu ihm: »Sobald ich zur Stadt hinausgehe, breite ich meine Hände zu Jahwe aus. Der Donner wird aufhören, und der Hagel wird nicht mehr fallen, damit du erkennst, daß Jahwe die Erde gehört. *30* Aber ich weiß, daß ihr, du und deine Diener, euch noch nicht vor dem Gott Jahwe fürchtet.« *31* Der Flachs und die Gerste wurden zerschlagen, denn die Gerste stand schon in den Ähren, und der Flachs war in Blüte. *32* Weizen und Spelt aber wurden nicht zerschlagen, weil sie viel später kommen. *33* Mose ging von dem Pharao weg aus der Stadt hinaus und breitete seine Hände zu Jahwe aus. Der Donner und der Hagel hörten auf; auch der Regen strömte nicht mehr auf die Erde. *34* Als der Pharao sah, daß

Regen, Donner und Hagel aufgehört hatten, verharrte er in seiner Sünde und verhärtete sein Herz, er und seine Diener. *35 Das Herz des Pharao blieb verstockt, und er entließ die Israeliten nicht, wie es Jahwe durch Mose vorausgesagt hatte.*

8. Plage: Die Heuschrecken

10 1 Darauf sprach Jahwe zu Mose: »Gehe zu dem Pharao! Ich selbst habe sein Herz und das Herz seiner Diener verstockt, um diese meine Wunderzeichen unter ihnen zu wirken, 2 damit du deinen Kindern und Kindeskindern erzählen kannst, was ich den Ägyptern angetan und welche Wunderzeichen ich unter ihnen gewirkt habe, und ihr kennt, daß ich Jahwe bin.« 3 Da gingen Mose und Aaron zu dem Pharao und sagten zu ihm: »So spricht Jahwe, der Gott der Hebräer: Wie lange weigerst du dich noch, dich vor mir zu verdemütigen? Gib mein Volk frei, damit es mir diene! 4 Wenn du dich weigerst, mein Volk zu entlassen, dann bringe ich morgen Heuschrecken über dein Gebiet. 5 Sie werden die Oberfläche des Landes so bedecken, daß man den Boden nicht mehr sehen kann; und sie werden verzehren, was euch als letzter Rest von dem Hagel noch übriggeblieben ist, und alle Bäume abfressen, die auf den Feldern wachsen. 6 Sie werden in Massen sogar in deine Häuser und in die Häuser aller deiner Diener und in die Häuser aller Ägypter kommen, wie es weder deine Väter noch die Väter deiner Väter, seit sie auf Erden sind, bis auf diesen Tag erlebt haben.« Dann wandte er sich um und ging von dem Pharao weg. 7 Da sprachen die Diener des Pharao zu ihm: »Wie lange noch soll dieser Mensch uns zum Verderben sein? Gib die Männer frei, damit sie Jahwe, ihrem Gott, dienen. Siehst du denn nicht, daß Ägypten zugrunde geht?«

8 Man holte Mose und Aaron zu dem Pharao zurück, und dieser sprach zu ihnen: »Geht und dienet Jahwe, eurem Gott. Wer sind denn diejenigen, die ziehen wollen?« 9 Mose antwortete: »Mit unseren Kindern und unseren Greisen, mit unseren Söhnen und Töchtern, mit unseren Schafen und Rindern wollen wir ziehen; denn wir haben ein Fest Jahwes zu feiern.« 10 Da entgegnete er ihnen: »Möge Jahwe so mit euch sein, wie ich euch mit euren Kindern entlasse! Ihr seht doch, daß ihr Böses vorhabt. 11 Daraus wird nichts! Ihr Männer könnt gehen und Jahwe dienen; dies war ja euer Wunsch.« Hierauf trieb man sie von dem Pharao weg.

12 Nun sprach Jahwe zu Mose: »Strecke deine Hand über Ägypten aus, damit die Heuschrecken über Ägypten kommen und alles Kraut auf dem Felde fressen und alles, was der Hagel noch übriggelassen hat.« 13 Mose streckte seinen Stab über Ägypten

aus. Da ließ Jahwe den ganzen Tag und die ganze Nacht einen Ostwind über das Land wehen. Als der Morgen kam, hatte der Ostwind die Heuschrecken herbeigetragen.

14 Die Heuschrecken fielen über ganz Ägypten her und ließen sich in ungeheuren Mengen im ganzen ägyptischen Gebiet nieder. Nie zuvor gab es so viele Heuschrecken, noch wird es künftig so viele geben. 15 Sie bedeckten die Oberfläche des ganzen Landes, das davon verdunkelt wurde, und fraßen alle Feldgewächse und alle Baumfrüchte, die der Hagel übriggelassen hatte, so daß in ganz Ägypten nichts Grünes an den Bäumen und kein Kraut auf dem Felde übrigblieb.

16 Da ließ der Pharao eilends Mose und Aaron herbeirufen und sagte: »Ich habe gefehlt gegen Jahwe, euren Gott, und gegen euch. 17 Vergebt mir noch diesmal meine Schuld und legt bei Jahwe, eurem Gott, Fürsprache ein, daß er von mir wenigstens diese mörderische Plage abwende.« 18 Da ging er von dem Pharao hinweg und legte bei Jahwe Fürsprache ein. 19 Jahwe ließ einen starken Westwind wehen. Dieser nahm die Heuschrecken mit und trieb sie in das Schilfmeer. Es blieb keine einzige Heuschrecke im ganzen Gebiet Ägyptens übrig. 20 Jahwe aber verstockte das Herz des Pharao, so daß er die Israeliten nicht entließ.

9. Plage: Die Finsternis

21 Nun sprach Jahwe zu Mose: »Strecke deine Hand gegen den Himmel aus, und es wird eine Finsternis über das ganze Land kommen, daß man die Finsternis wird greifen können.« 22 Da streckte Mose seine Hand gegen den Himmel aus, und es entstand in ganz Ägypten eine dichte Finsternis drei Tage lang. 23 Keiner konnte den andern sehen und niemand sich an seinem Platze rühren drei Tage lang. Alle Israeliten aber hatten Licht an ihren Wohnsitzen.

24 Da ließ der Pharao Mose rufen und sprach: »Geht und dienet Jahwe! Nur eure Schafe und Rinder müssen hierbleiben; aber eure Frauen und Kinder dürfen mit euch ziehen.« 25 Mose aber entgegnete: »Gibst du selbst uns Tiere zu Schlacht- und Brand-opfern mit, so werden wir sie Jahwe, unserm Gott, darbringen. 26 Aber auch unser Vieh muß mit uns ziehen: nicht eine Klaue darf zurückbleiben. Denn wir müssen davon nehmen, um Jahwe, un-serm Gott, zu dienen. Wir wissen ja nicht, womit wir Jahwe dienen sollen, bis wir dorthin gekommen sind.«

27 Jahwe aber verstockte das Herz des Pharao, und dieser wollte sie nicht entlassen. 26 Vielmehr sagte der Pharao zu ihm: »Gehe hinweg von mir! Wage es nicht, mir noch einmal unter die Augen

zu kommen! Sobald du mir unter die Augen kommst, bist du des Todes.« 29 Mose entgegnete: »Du hast gesprochen. Ich werde nicht wieder vor dir erscheinen.«

10. Plage: Tod der Erstgeburt
29 Um Mitternacht aber geschah es, daß Jahwe alle Erstgeburt in Ägypten schlug, von dem Erstgeborenen des Pharao, der auf seinem Throne sitzt, bis zum Erstgeborenen des Gefangenen im Kerker und alle Erstgeburt des Viehs. 30 Da erhob sich der Pharao noch in der Nacht, er und alle seine Diener und alle Ägypter. Es war ein großes Wehklagen in Ägypten. Denn es gab kein Haus, in dem nicht ein Toter lag. 31 Er ließ noch in der Nacht Mose und Aaron rufen und sprach: »Macht euch auf! Zieht weg aus meinem Volk, ihr und die Israeliten! Geht und dienet Jahwe nach eurem Verlangen! 32 Auch eure Schafe und eure Rinder nehmt mit, wie ihr gefordert habt, nur geht. Doch bittet auch für mich um Segen!« 33 Auch die Ägypter drängten das Volk, daß es schleunigst aus dem Land wegziehe. Denn sie sagten: »Wir sind sonst alle des Todes!«
Ex 7,14–10,33

Der Auseinandersetzung mit dem »Pharao«, der ja ein konsequenter Feind jeder Veränderung ist, widmet die Exodus-Erzählung einen ihrer längsten Abschnitte. Offenbar ist gerade dieser Entwicklungsabschnitt eine besonders schwierige Aufgabe. Denn wenn die ersten Versuche erfolgt sind, wenigstens gedanklich dem Leben eine neue Richtung zu geben, werden die alten Fronvögte – Ängste, Zwänge und Schuldgefühle – nur noch mehr mobilisiert. Es beginnt eine Zeit schrecklicher innerer Zerrissenheit. Es ist ein ständiges Hin und Her und Auf und Ab, bei dem der Pharao mal zur Entlassung bereit ist und sobald der Druck etwas nachläßt, auch wieder nicht (7,22; 8,4; 8,11; 8,15; 8,21.24; 8,28; 9,7; 9,12; 9,27; 9,34; 10,8; 10,16 f.; 10,20; 10,24; 10,27; 12,31 f.). Die neuen Impulse der Veränderung lassen sich nicht mehr verdrängen: Mose ist beharrlich in seiner Forderung, ziehen zu dürfen. Die alten Strukturen aber sind beileibe nicht erledigt, sie sind wirksam wie eh und jeh: Mose bittet immer noch, anstatt einfach zu gehen, und der Pharao verhärtet sich immer mehr. So beginnt ein Kampf zwischen Alt und Neu, der dem Betroffenen in der Tat vorkommen muß, als ob eine unentwegte Kette von Plagen ihn heimsuche. (Daß die Plagen nur den Pharao und die Ägypter treffen, Israel aber verschonen, ist nicht verwunderlich, denn alle Figuren sind verschiedene Anteile der eigenen Person, wobei Mose und die Israeliten den veränderungswilligen Teil repräsentieren, der den alten Strukturen zur Plage wird.) Der Strom des eigenen Lebens (symbolisiert im fließenden Wasser) ist mit Blut vermischt – dem Ausdruck eines harten Kampfes (7,14–25). Es »stinkt zum Himmel« (7,21), daß im eigenen Leben etwas »faul« ist, aber es reicht nicht, den Pharao zu bewegen.

Die neu hervorquellenden Trieb- und Lebensimpulse machen mehr Angst als Mut, weil man nicht mit ihnen umzugehen weiß, eine wahre »Froschplage« (7,26–8,11). Frösche sind wegen ihrer großen Fruchtbarkeit Sinnbild der Kräfte, die Leben entstehen lassen. Als Tiere, die sowohl im Wasser wie an Land leben, stellen sie entwicklungsgeschichtlich einen Übergang dar; sie sind ein Wandlungssymbol. Die sich anzeigende Veränderung und die sie antreibenden Lebenskräfte wirken anscheinend wie eine Plage, da sie das noch völlig unterentwickelte Ich des Betroffenen zu überfluten drohen. So können z. B. lange gehemmte, aggressive und sexuelle Gefühle und Vorstellungen wachwerden, die in ihrer Vehemenz Angst und Abscheu hervorrufen und einem den Atem verschlagen (8,11).

Erinnerungen an längst Vergessenes durchzucken einen plötzlich und versetzen Stiche wie eine wahre Mückenplage (8,12–15). Die Verdrängung war ja einst als Schutz vor wunden und schmerzenden Stellen geschehen. Jetzt aber kann Verdrängtes wieder hochkommen und mit seinem Gift erneut brennen und schmerzen. »Jedesmal, wenn wir an die Vergangenheit rühren, ist das wie ein

Stechen in ein Wespennest«, sagte ein Patient nach einer schwierigen Stunde. Tausend Ängste umschwirren einen und setzen einem zu wie eine Bremsenplage (8,16–28). Gewissensbisse und alles zerfressende Zweifel kommen wie eine Heuschreckenplage über die Seele (10,1–20). Permanent hagelt es auf einen ein, weil sich in der Seele etwas zusammengebraut hat (9,13–35). Wie Geschwüre bricht inneres Chaos hervor, die Seele scheint in eine einzige Wunde verwandelt (9,8–12).

Schließlich versinkt alles in einer einzigen Finsternis, einer tiefen Depression mit ihrer totalen »Aussichtslosigkeit« (10,23). Obgleich aber das Land über Nacht in einen einzigen Friedhof verwandelt wird, läßt sich der Überlebens- und Erneuerungswille nicht töten (12,29–33). Anscheinend muß sich alles erst soweit zuspitzen, ehe der Pharao nachgibt und kapituliert. Es ist schon verwunderlich, wieviel Menschen aushalten und erdulden, ehe sie Rat und Hilfe suchen, wieviel sie über sich ergehen lassen, ehe sie die Flucht aus dem inzwischen Unerträglichen ergreifen.

12. Flucht bei Nacht und Nebel

Aufbruch Israels

37 Die Israeliten brachen von Ramses nach Sukkot auf, an sechshunderttausend Mann zu Fuß – alles Männer – ohne ihre Familien. 38 Auch viel Mischvolk zog mit ihnen sowie Schafe und Rinder, eine große Menge Vieh. 39 Aus dem Teig, den sie aus Ägypten mitgenommen hatten, backten sie ungesäuerte Brotkuchen, denn er war nicht gesäuert, da sie von den Ägyptern hinausgetrieben worden waren und nicht länger säumen und keine Wegzehrung für sich bereiten konnten. 40 Die Zeit, in der die Israeliten in Ägypten ansässig waren, betrug vierhundertdreißig Jahre. 41 Nach Ablauf der vierhundertdreißig Jahre, an eben diesem Tage, zogen alle Heerscharen Jahwes aus Ägypten. 42 Es war eine Nacht der Wache für Jahwe, als er sie aus Ägypten herausführte. Das ist die Nacht, die zu Ehren Jahwes von den Israeliten als Nacht der Wache durch alle Geschlechter gefeiert werden muß.

Ex 12,37–42

In neuerer Verkündigung wird öfter geistige Beweglichkeit und innere Veränderungsbereitschaft als Tugend gepriesen und gleichsam zur neuen Verpflichtung des Evangeliums erhoben. So schön dieses Ideal auch ist, so wenig läßt es sich »leisten«. Wirkliche Veränderung im Leben eines Menschen trägt nicht die Züge mutiger Entschlossenheit, sondern die Anzeichen einer schmerzlichen Geburt, die Angst macht.

Schon der Blick in den Spiegel, die Bilanzierung des Lebens, geschieht ja nicht gerade freiwillig, sondern unter dem Druck der Verhältnisse, die oft krisenhaft das bisherige Selbstverständnis des Betroffenen angstvoll bedrohen. Eine Alternative gerät dabei noch gar nicht in den Blick, es wachsen bloß das Gefühl und das Bewußtsein, daß sich etwas ändern muß. Aber die ersten Versuche, etwas zu ändern, sind nur Kompromißversuche, Versuche, zwar die Verhältnisse zu ändern, aber nicht sich selbst. Im Beratungsgespräch werden in diesem Stadium dann Ratschläge und »Rezepte« gesucht. Die Betroffenen reagieren oft enttäuscht und aggressiv, wenn ihnen diese nicht geliefert werden. Daß der mühsame Weg der Selbsterfahrung und Selbstveränderung beschritten werden muß, ist meist noch gar nicht deutlich. Dazu kommt es erst unter dem Druck der Verhältnisse, wenn die Gegenwart und wenn man sich selbst unerträglich geworden sind. Bis dahin vergeht oft viel Zeit, ehe man sich mit seiner inneren Zerrissenheit genügend zur Last geworden ist. Kein Wunder, daß auch die Exodus-Erzählung den tatsächlichen Aufbruch nicht als machtvolle Demonstration des Freiheitswillens und mutigen Aufstand schildert, sondern als Nacht-und-Nebel-Aktion, die völlig überraschend kommt (12,39b). Wer auf Reisen gehen will, überlegt vorher die Ziele und bereitet sich sorgfältig darauf vor. Auch wer die Reise zu sich selbst antreten will, überlegt vorher, wohin es gehen soll und wie er sich auf diesen Weg vorbereiten kann. Nur – wer wirklich auf den Weg gerät, hat keine Zeit, sich darauf vorzubereiten. Entgegen allem gewohnten Sicherheitsstreben ist nicht einmal Gelegenheit, sich Wegzehrung zu bereiten. Wer wirklich auf den Weg gerät, weiß nicht, wohin es geht, und auch nicht, wovon er denn jetzt leben soll. Er hat keine Risiken kalkuliert, sondern nur die Gunst des Augenblicks zur Flucht nutzen können. Er wird sogar den Aufbruch, den er sich doch so sehr gewünscht hat, nicht einmal mehr als eigenen Willen erleben, sondern wie eine Vertreibung (12,39). Erst im Rückblick wird ihm dies alles einmal zur Nacht werden, die gefeiert werden muß, weil sie das Ende einer elendig langen Entfremdung und Sklaverei einläutete (12,40.42).

Die Exodus-Erzählung erwähnt noch, daß »alles Männer ohne ihre Familien« waren (12,37). Mag diese Angabe auch nur auf Zählgewohnheiten bezogen sein (also

Frauen und Kinder nicht mitgezählt), so ist sie in ihrer Mißverständlichkeit doch äußerst hintergründig. Denn so ist sie ein Hinweis darauf, daß das, was sich da auf den Weg macht, eine defizitäre Persönlichkeit ist, der Entscheidendes fehlt. »Das große Verdienst von Jung ist es, daß er immer wieder betont, daß in jedem Manne auch ›Weibliches‹ (Anima), in jeder Frau auch ›Männliches‹ (Animus) mitleben will… Diese Einsicht hat Jung immer wieder vertreten und auch betont, daß es zur Ganzheit gehört, daß jeder Mensch Männliches und Weibliches leben soll gemäß den Proportionen, die in ihm angelegt sind.«[28] Während das Männliche das Bewußte, das Rationale und das aktive Machenwollen symbolisiert, stellt das Weibliche die Kräfte des Unbewußten, des Emotionalen und des Empfänglichen dar. Erst der Mensch, der beide Anteile und Bereiche in seiner Person integrieren kann, findet zur Ganzheit, zum Selbst. Diese Notwendigkeit wird auch in den Märchen aufgezeigt. Fast immer sind es Männer, die sich auf den Weg machen, unterwegs erst die Jungfrau entdecken und retten und sie schließlich zur Hochzeit heimführen, dem Symbol der Verbindung von Bewußtem und Unbewußtem, von Rationalem und Emotionalem. Deshalb versucht auch die Therapie, dem Menschen den Zugang zum Unbewußten und Gefühlhaften zu erschließen, damit er sich dieser Kräfte zur Heilung bedienen kann. Diese Aufgabe stellt sich Mann und Frau mit den verstandeseinseitig geprägten Denk- und Erlebensstrukturen gleichermaßen, ebenso wie die Aufgabe, die verhängnisvolle Einstellung, alles ständig im Griff haben und kontrollieren zu wollen, zugunsten des Sich-einfach-Fallenlassens zu überwinden. Auch dies wird sich im Verlauf des Exodus noch ereignen (s. Ex 14,15–31).

Der weitere Hinweis, daß auch viel »Mischvolk« mitzog (12,38), klingt wie eine Einladung, sich selbst in die Reihen der Aufbrechenden miteinzubeziehen. »Nicht nur Israel zog aus Ägypten«, heißt es im Talmud, der rabbinischen

Schriftdeutung, »sondern mit ihnen zog die ganze Menschheit aus dem Haus der Knechtschaft«[29]: eine althergebrachte Einladung, den Exodus exemplarisch zu verstehen.

13. Schongang

Aufbruch der Israeliten
17 Als der Pharao das Volk hatte ziehen lassen, führte Gott sie nicht den Weg durch das Philisterland, obwohl er der nächste war. Denn Gott dachte, es könnte das Volk reuen, wenn es Kämpfe bestehen müsse, und nach Ägypten zurückkehren wollen. 18 Darum ließ Gott das Volk auf den Weg zur Wüste am Schilfmeer umbiegen. Vollbewaffnet zogen die Israeliten aus Ägypten.

Ex 13,17–18

Dieser Abschnitt wirkt wie eine nebensächliche Randnotiz, enthält aber einen wichtigen Hinweis für den weiteren Verlauf des Prozesses. Mit großem Einfühlungsvermögen wird vor einer Überforderung des Losgezogenen gewarnt. Denn er hat ja gerade – mehr Flucht und Vertreibung als mutiger Entschluß – den Aufbruch im Ansatz begonnen. Jetzt sofort aufs Ganze zu gehen und dabei mit einer Vielzahl von Problemen kämpfen zu müssen, wäre eine Überforderung, die lediglich entmutigen und den Aufbruch schon im Keim ersticken würde (13,17).

In Kursen und in Einzelgesprächen erlebe ich es immer wieder, wie sehr sich Menschen selbst überfordern. Wenn ich ihre Veränderungswünsche und -ziele aufschreibe und zu addieren versuche, kommt als Summe jedesmal heraus: ich muß mich total ändern. Dies jedoch ist aussichtslos. Bei derartig überanstrengten Zielen kann nichts anderes herauskommen als das Gefühl, eben doch ein Versager zu sein, dem nichts gelingen will. Da leidet beispielsweise einer darunter, daß er in einer Gruppe wie der schulischen Elternversammlung den Mund nicht aufbekommt. Gerne würde auch er etwas sagen, aber er schafft es nicht. Als Ziel schwebt ihm natürlich vor, einmal eine geschliffene Rede mit überzeugendem Selbstbewußtsein zu halten. Jeder Versuch in diese Richtung wird allerdings – gemessen an diesem Ziel – wie ein klägliches Scheitern und Versagen aussehen. Dabei würde es als erstes Etappenziel vollkommen reichen, beim nächsten Treffen z. B. einmal halblaut nach der Uhrzeit zu fragen, nur damit man überhaupt einmal die eigene Stimme vor der Gruppe gehört hat. Nur in ganz kleinen Schritten lassen sich Ängste abbauen und überwinden. Und von großen Ängsten geplagt, ist jeder, der aufbricht. »Vollbewaffnet« zieht Israel los (13,18)! So erlebe ich immer wieder, daß Menschen eine unsichtbare, aber höchst wirksame »Ritterrüstung« tragen, bei der sie allenfalls ab und an das Visier ein wenig hochklappen, ansonsten aber völlig »zu« sind, um sich vor bedrohlich empfundener Offenheit und Nähe zu schützen.

Der Weg zum Ziel der Selbstwerdung ist nicht der gerade und nächste. Er führt vielmehr über Umwege, die nicht zu vermeiden sind. Sie verlängern zwar die Strecke, sind aber der Entwicklung angemessen. Betrachtet man die eigene Entwicklung im Rückblick, wird man viele Umwege erkennen, aber auch erkennen, daß sie sein mußten. »Den Weg, den jeder zu sich selber gehen muß, könnte an sich gewiß weit rascher, kürzer und gehorsamer ausfallen; aber ans Ziel gelangt, wird man sich höchstwahrscheinlich sagen müssen, daß es letztlich nicht kürzer ging und daß, die eigene Konstitution vorausgesetzt, sogar die Fehler unvermeidlich waren. Am Ende allen Stolzes wird man sich schließlich sogar seiner Fehler wegen glücklich preisen dürfen.«[30] Ein Patient hatte sehr früh geheiratet, um der Härte und emotionalen Kargheit des Elternhauses zu entfliehen und in der Ehe endlich die vermißte Anerkennung und Geborgenheit zu finden. Aber infolge der Unreife beider Partner und der gegenseitigen Überforderung mit Erwartungen scheiterte die Ehe schon nach einem Jahr. Nach mehreren lockeren

Beziehungen ging der Mann erneut eine Ehe ein, die ebenfalls scheiterte. Danach geriet er in eine schwere depressive Krise mit Selbstmordabsichten, die ihn schließlich in die Beratung führten. In der nun folgenden therapeutischen Aufarbeitung seiner Lebensgeschichte zeigte sich, daß es für ihn gar keinen anderen Weg geben konnte als den über den »Umweg« zweier gescheiterten Ehen in jene Krise, die dann zur Wende wurde. Ein anderer Patient, der vor einer schweren beruflichen Entscheidung stand und – von außen betrachtet – im Begriff war, einen großen Fehler zu begehen, meinte: »Ich habe das Gefühl, ich muß es einfach tun, so, als ob sich erst dann das ganze Knäuel lösen ließe; es ist ein Fehler, aber es würde mir immer nachgehen, wenn ich diesen Schritt nicht täte.« Eine Patientin lebte in einer völlig zerrütteten Ehe und spürte dies auch. Obwohl der Partner zu keiner Beratung und zu keiner Therapie bereit war, schaffte sie es nicht, die Konsequenzen zu ziehen und aus der gemeinsamen Wohnung auszuziehen. Zunächst versuchte sie, über erneute berufliche Tätigkeit ihr Los zu verändern. Dann stürzte sie sich in eine außereheliche Beziehung. Infolge der Schuldgefühle versuchte sie schließlich, durch erhöhte Anpassungsbereitschaft das häusliche Klima zu verbessern. All diese »Umwege« waren notwendig, ehe sie dann nach anderthalb Jahren die Trennung schaffte.

Es gibt viele Umwege, die Menschen einschlagen müssen, um auf den richtigen Weg zu kommen. Es gibt viele Phasen, in denen man auf der Stelle zu treten scheint; sie sind aber notwendig, um Kräfte zu sammeln für alle weiteren Kämpfe, die noch auf einen zukommen.

14. Die Schatten der Vergangenheit

Die Ägypter verfolgen Israel

5 Als dem König von Ägypten gemeldet wurde, daß das Volk entwichen sei, änderte sich die Stimmung des Pharao und seiner Diener gegen das Volk. Sie sagten: »Was haben wir da gemacht, daß wir die Israeliten aus unserem Dienst entließen!« 6 Er ließ seinen Wagen anspannen und nahm sein Kriegsvolk mit sich. 7 Er nahm sechshundert auserlesene Streitwagen und alle (anderen) Streitwagen der Ägypter und Kerntruppen auf allen. 8 Jahwe verhärtete das Herz des Pharao, des Königs von Ägypten, so daß er den Israeliten nachsetzte, während sie mit erhobener Hand auszogen. 9 So setzten die Ägypter ihnen nach und erreichten sie, als sie am Meere bei Pi-Hachirot gegenüber von Baal-Zephon lagerten, alle Rosse des Pharao, alle seine Wagen und Reiter und sein Heer. 10 Als der Pharao herankam, schauten die Israeliten auf und sahen, daß die Ägypter ihnen nachgezogen waren. Da erschraken die Israeliten sehr und schrien laut zu Jahwe. 11 Und sie sagten zu Mose: »Gab es in Ägypten keine Gräber, daß du uns fortgenommen hast, damit wir in der Wüste sterben? Was hast du uns angetan, daß du uns aus Ägypten herausgeführt hast? 12 Haben wir dir dies nicht schon in Ägypten gesagt: Laß uns in Ruhe! Wir wollen den Ägyptern dienen! Denn es wäre besser für uns, den Ägyptern zu dienen, als in der Wüste zu sterben.« 13 Mose aber sprach zu dem Volk: »Fürchtet euch nicht! Stehet fest, und ihr werdet die Hilfe Jahwes sehen, die er euch heute bringen wird. Denn so wie ihr heute die Ägypter seht, sollt ihr sie in Ewigkeit nicht wieder sehen. 14 Jahwe wird für euch streiten, ihr aber werdet euch still verhalten.«

Ex 14,5–14

Den Aufbruch in die Freiheit begonnen zu haben, bedeutet schon eine gewaltige Erleichterung. Einmal mit einem anderen über die innere Zerrissenheit, die Ängste und Sehnsüchte gesprochen zu haben, vermittelt direkt das Gefühl neuer Perspektiven. Auch in einer Therapie kann es anfangs rasch zu spürbaren Verbesserungen kommen.

Um so größer ist dann das Entsetzen, wenn von hinten die alten Verfolger nahen und einen die Schatten der Vergangenheit wieder einholen (14,10). Wer nachvollzogen hat, wie mühsam und kompliziert der Weg allein bis hierhin war, obwohl nur ein kleiner Anfang geschafft ist, wird die Enttäuschung und Verzweiflung gut verstehen können. Aber so schnell läßt sich nicht abstreifen, was einen so lange geprägt und bestimmt hat. Immerhin hat die Gefangenschaft über »400« Jahre gedauert.

Jede Veränderung bedeutet eine Störung des empfindlichen Gleichgewichtssystems, das selbst neurotische Strukturen besitzen. Daher provoziert jede Veränderung Reaktionen, die den alten Zustand wiederherstellen wollen. Erhebliche Ängste werden dabei freigesetzt. Denn im Grunde ist jede Veränderung wie verbotenes Tun dessen, das bisher durch Ängste, Schuldgefühle und feste Verhaltensmuster abgesichert war. Es ist wie ein Vordringen in verbotene Bereiche, eben wie der Ausbruch eines Gefangenen, der natürlich die Verfolger auf Trab bringt. Auch wenn der Pharao unter dem Druck der Verhältnisse eine schwache Stunde hatte, er blieb immer noch im Amt! Mächtiger denn je erscheint er mit seinen Truppen (14,7.9) und erzeugt Panik und Todesangst (14,11). Es ist in ihrem Kern die alte Trennungsangst, die hier mobilisiert wird (s. S. 51 f.). Der Schritt in die Freiheit wirkt wie eine unerlaubte Trennung, die den Tod zur Folge haben kann.

So kann nach dem ersten Aufatmen und den ersten Verbesserungsaussichten plötzlich wieder eine lähmende Depression einsetzen, die alles in Frage stellt. Schuldgefühle und das von ihnen suggerierte Gefühl der eigenen Schlechtigkeit und Ich-Sucht können plötzlich wieder von einem Besitz ergreifen. Die Schatten der Vergangenheit verdecken alle Zukunft. Vergeblich scheint das bisherige Mühen. Es sieht so aus, als sei man wieder da, wo alles begonnen hat: fest im Griff der alten Strukturen, die einem das Eigenleben zerstören. Es scheint, als ob sich immer noch nichts an der alten Einstellung geändert hat, daß »den Ägyptern dienen das Beste« sei, da man dafür wenigstens »am Leben gelassen« werde (14,12). Die eben noch in die Freiheit wollten, maulen jetzt, als ob sie nie diesen Wunsch gehabt hätten. Auch als Therapeut muß man sich in diesem Stadium des Weges wie Mose einiges an Vorwürfen gefallen lassen. »Wozu das Ganze, das bringt ja doch nichts, hätte ich nie damit angefangen, lassen Sie mich doch in Ruhe!«

Der Ratschlag des Mose wirkt wie Hohn angesichts der empfundenen Bedrohung: »Habt keine Angst, haltet still, Jahwe wird das für euch erledigen« (14,13f.). Einem Menschen, der bislang nur gelernt hat, alles mit äußerster Willensanstrengung zu bezwingen, der auch den Weg der Selbstwerdung gar nicht anders sehen kann als Leistung, die erbracht werden muß, einem solchen Menschen zu empfehlen, es einfach darauf ankommen zu lassen, ist schon eine arge Zumutung! Wo doch die ganze Leistungs-bereitschaft und überfordernde Willensgymnastik ihre entscheidende Energie aus der Angst bezieht, sonst fallen-gelassen zu werden und im Bodenlosen zu versinken. Jetzt plötzlich nichts mehr »machen« zu sollen, kann diese Angst nur bis ins Extrem steigern. Aber anscheinend muß auch diese Angst erlebt werden, damit das andere, das Vertrauen, wachsen kann.

15. Die entscheidende Erfahrung

15 Jahwe sprach zu Mose: »Warum schreist du zu mir? Befiehl den Israeliten aufzubrechen. 16 Du aber erhebe deinen Stab und strecke deine Hand über das Meer aus und spalte es! Die Israeliten sollen mitten durch das Meer auf trockenem Boden gehen können. 17 Ich aber werde das Herz des Pharao verhärten, so daß er ihnen nachsetzen wird. Dann will ich mich an dem Pharao und an seinem ganzen Heer, an seinen Wagen und Reitern verherrlichen. 18 Die Ägypter sollen erfahren, daß ich Jahwe bin, wenn ich mich an dem Pharao, an seinen Wagen und Reitern verherrliche.«

19 Da veränderte der Engel Gottes, der dem Heer der Israeliten vorauszog, seinen Platz und trat hinter sie. Auch die Wolkensäule vor ihnen wechselte ihren Platz und trat hinter sie, 20 so daß sie zwischen das Heer der Ägypter und das Lager der Israeliten zu stehen kam. Die Wolke blieb dunkel, und die Nacht verstrich, ohne daß sich die Heere während der ganzen Nacht einander nähern konnten. 21 Nun streckte Mose seine Hand über das Meer aus. Jahwe ließ die ganze Nacht das Meer vor einem starken Ostwind zurückweichen und legte das Meer trocken. Die Wasser spalteten sich, 22 und die Israeliten zogen auf trockenem Boden mitten durch das Meer, während die Wasser zu ihrer Rechten und Linken wie eine Mauer standen. 23 Die Ägypter aber setzten ihnen nach, und alle Rosse des Pharao, seine Wagen und Reiter zogen hinter ihnen her mitten in das Meer hinein. 24 Zur Zeit der Morgenwache schaute Jahwe in der Feuer- und Wolkensäule auf das Heer der Ägypter und brachte das Heer der Ägypter in Verwirrung. 25 Er hemmte die Räder ihrer Wagen, so daß sie nur mühsam vorwärtskamen. Da riefen die Ägypter: »Laßt uns vor den Israeliten fliehen, denn Jahwe kämpft für sie gegen die Ägypter!« 26 Nun sprach Jahwe zu Mose: »Strecke deine Hand über das Meer aus, damit die Wasser auf die Ägypter, auf ihre Wagen und Reiter zurückfluten!« 27 Mose streckte seine Hand über das Meer aus. Da fluteten die Wasser bei Tagesanbruch zu ihrem alten Ort zurück, während die Ägypter ihnen entgegenflohen. So schüttelte Jahwe die Ägypter mitten in das Meer hinein. 28 Die Wasser fluteten zurück und bedeckten die Wagen und Reiter des ganzen Heeres des Pharao, die

*hinter ihnen in das Meer gezogen waren. Nicht einer von ihnen
blieb am Leben. 29 Die Israeliten dagegen waren auf trockenem
Boden durch das Meer hindurchgegangen, während die Wasser
wie eine Mauer zu ihrer Rechten und Linken standen. 30 So
rettete Jahwe an jenem Tag die Israeliten aus der Gewalt der
Ägypter. Die Israeliten sahen die Ägypter tot am Meeresufer liegen. 31 Als die Israeliten die große Wundertat sahen, die Jahwe
an den Ägyptern gewirkt hatte, fürchtete das Volk Jahwe und
vertraute auf Jahwe und auf Mose, seinen Knecht.*

Ex 14,15–31

Eine aussichtslose Situation, in der nichts mehr geht: von
hinten drohen die alten Peiniger, nach vorne ist die Flucht
durch das unüberwindliche Wasser verbaut. Hier noch
auf eigene Kräfte bauen zu wollen, ist illusorisch. Es gibt
einfach nichts mehr, was man noch tun könnte, außer: es
einfach darauf ankommen zu lassen. Schneller als gedacht
wird die Empfehlung des Mose zur einzigen Möglichkeit.
Wiederum nicht aus mutiger Entschlossenheit, sondern
weil man anders gar nicht mehr kann. Es ist eine Situation,
in der man dermaßen mit dem Rücken zur Wand steht,
daß einem alles egal ist. Eine Situation, in der man nichts
mehr zu verlieren hat und deshalb einfach alles laufen
läßt. Genau da geschieht die alles entscheidende und alles
verändernde Erfahrung. Was bisher wie der sichere Tod
aussah, nämlich nicht mehr den Kräften des Verstandes
und des Willens zu vertrauen, wird zum Durchbruch.
Mitten durch die Wasser des Todes führt der Weg zum
Leben.

In dieser Szene ist die schwierigste und entscheidendste
Erfahrung dargestellt, die aber dem Leben eine neue
Richtung geben kann. Es handelt sich um mehrere Erfahrungen, die brennpunktartig zusammengefaßt sind und
die sich im Leben eines Menschen über mehrere Jahre
erstrecken können. Die grundlegendste Erfahrung ist
wohl die, daß das Einfach-Sich-Fallen-Lassen nicht zum
Tod, sondern zum Leben führt. In einer Welt, die dem

eigenen Glücksstreben mannigfache Hindernisse und Widerstände entgegensetzt, und in der jeder sich selbst als
seines Glückes Schmied empfinden muß, in der dieses
angstgetriebene Machen- und Habenmüssen den alleinigen Weg zum Glück verspricht – in einer solchen Daseinserfahrung Vertrauen in die guten und wohlwollen-
den Mächte des Daseins zu entwickeln, das ist die eigentlich befreiende Erfahrung. In der Exodus-Erzählung ist
dieser Entwicklungsabschnitt im Bild der Wasserdurchquerung symbolisiert.

Wasser ist der Lebensstoff schlechthin. Alles Leben
kommt aus dem Wasser. In der biblischen Mythologie
entsteht die ganze Welt aus dem Wasser (Gen 1,2.6.9). Die
besondere Bedeutung verschiedener Personen wurde im
Mythos oft als Wassergeburt dargestellt (Athene, Mose!).
Mit dem Wasser wird aber nicht nur die Entstehung des
Lebens verbunden, sondern ebenso die Neu-Werdung
des Lebens als Reinigung oder Heilung[31]. Man denke
auch an Menschen, die »ins Wasser gehen«. Die Suicidfor-
schung hat eindrucksvoll ergeben, daß es dem Suicidalen
nicht so sehr darum geht, daß er nicht mehr leben will,
sondern daß er *so* nicht mehr leben kann, im tiefsten also
nach einer Neuwerdung des Lebens sucht. Im Wasser
liegen Tod und Leben eng beieinander. Das Wasser ist
verschlingend und gebärend zugleich. So wird es auch zu
einem Symbol der Kräfte des Unbewußten, die – verdrängt und abgespalten – zerstörerisch wirken, zugelassen und integriert aber zu einer wahren Verlebendigung
des Lebens führen. In der analytischen Therapie werden
darum gerade die Kräfte des Unbewußten mobilisiert. So
wird zu Beginn der Therapie die sogenannte Grundregel
vereinbart, nach der der Analysand alles sagen soll, was
ihm gerade durch den Kopf geht, auch wenn es peinlich
oder nicht zum Thema gehörend erscheint. Sich den
Kräften des Unbewußten zu überlassen, macht allerdings
Angst. So meinte eine Patientin: »Das kann ich nicht; ich

habe Angst vor dem, was dann hochkommt; dabei könnte ja etwas ganz Schreckliches offenbar werden.« Doch wer erst einmal in diese Welt eingetaucht ist, wird in ihr viele guten Mächte finden, die ihm helfen, sein Leben zu verstehen und zu ändern. Auch im Märchen geschieht die Wandlung durch Eintauchen in die Welt des Unbewußten. Nach der Trennung von zu Hause beginnt der Held eine Suchwanderung, die ihn durch ein magisches Reich mit sprechenden Tieren, Zwergen und Feen führt, aus dem er verwandelt und mit reichen Schätzen bedacht zurückkehrt. Hinter diesen magischen Figuren verbergen sich verdrängte, entstellte und bisher nicht zum Leben zugelassene Anteile der eigenen Person. Darum symbolisiert das Durchqueren von Wasser einen Wendepunkt des Lebens, wo Grundhaltungen und Lebensstil sich tiefgreifend verändern.

Diese grundlegende Veränderung erinnert in ihrer Dramatik an einen erneuten Geburtsvorgang. Der tschechische Psychiater Stanislav Grof hat in seiner langjährigen Forschungsarbeit aufgezeigt, wie sehr die Selbstwerdung Erfahrungsmustern entspricht, die von der Geburt geprägt sind[32]. In einer Situation der Sicherheit und Geborgenheit (die intrauterine Mutter-Kind-Symbiose) wirken die einsetzenden Geburtswehen wie ein Zustand äußerster Not und Lebensbedrohung. Diese Erfahrung ist das Grundmuster aller Lebenssituationen, die das eigene Überleben bedrohen und das Erlebnis von Eingeschlossenheit und Ausweglosigkeit beinhalten; ein Strudel nicht mehr zu beherrschender Kräfte, der einen in sich hineinsaugt. Der anschließende Weg durch den Geburtskanal ist ein regelrechter Kampf ums Überleben, allerdings mit der Aussicht auf Beendigung. Diese Erfahrung steht hinter allen Lebenssituationen, in denen es für einen persönlich um Tod oder Leben geht, die aber in diesem Kampf oftmals neue Einsichten enthalten, die wie Offenbarungen wirken. Der Ausstoß durch den Muttermund schließlich ist grundlegend für alle Lebenssituationen, in denen einer Entspannung und Erlösung nach äußerster Anstrengung erlebt. Es ist ein Durchbruch, der durch Tod zum Leben führt und durch Nacht zum Licht. Nicht von ungefähr fluten bei »Tagesanbruch« (14,27) die rettenden Wasser zurück und töten Pharao und seine Heere endgültig. Was bei vordergründiger Betrachtung als grausamer Zug der Geschichte erscheint, ist bei hintergründiger Betrachtung unbedingt notwendig. Die alten Einstellungen und Prägungen müssen sterben, damit die neue Haltung wachsen kann. Immer muß etwas Altes sterben, damit Neues werden kann! Auch dies gehört zur entscheidenden Erfahrung, daß Entwicklung ein ständiges Werden und Vergehen, Sterben und Neugeborenwerden einschließt. Der Tod muß bejaht werden, wenn das Leben entstehen soll. In dieser Erfahrung hat das Wort Jesu, daß nur der das Leben gewinnen kann, der es verliert (Mk 8,35), seine Berechtigung. Der Vergleich mit dem anstrengenden Geburtsvorgang weist außerdem noch darauf hin, daß es keinen Weg zum Leben, zum Glück und zu sich selbst ohne Schmerzen und Leiden gibt. Alle entscheidenden Veränderungen tragen die Kennzeichen der Geburt, vom Verlust der Sicherheit angefangen über die äußerste Bedrohung und den titanischen Kampf bis hin zur Entspannung und dem befreiten Atemholen. Durch »Leiden führt der Weg in die Herrlichkeit« (Lk 24,26). Durch Leiden, in denen einem der Halt eines »kühlen Kopfes« und des »Machenkönnens« genommen ist, in denen man nur noch fallen kann, auf Gnade und Verderb Kräften überlassen, die außerhalb des eigenen Wollens liegen. Dieses Fallen, diese Geburt überstanden zu haben, wird immer wie ein Wunder erlebt; ein Wunder, das einen für eine völlig neue Erfahrung geöffnet hat: die Erfahrung, im tiefsten von Geschenken zu leben, von dem, was man nicht '»machen« kann, eine eminent religiöse Erfahrung. »Der Herr wurde mein Halt; er führte mich hinaus ins Weite, er befreite mich« (Ps 18,19f.)!

Denn gerade in der Situation, in der Israel mit dem Rücken zur Wand steht, erfährt es in seinem Überlebenswillen eine ungeheure »Rückenstärkung«. Im Bild von Gottes Engel und von der Wolkensäule, die hinter die Israeliten treten (Ex 14,19), wird deutlich, daß Gott dem Menschen »den Rücken stärkt«, der »Rückgrat« gewinnen und aus knechtender Unfreiheit heraus will. Gottes Mitsein erweist sich als Rückenstärkung im emanzipatorischen Prozeß – ein wirkliches Geschenk.

16. Morgenfrische

19 Als die Rosse des Pharao, seine Wagen und Reiter in das Meer hineinkamen und Jahwe die Wasser des Meeres auf sie zurückfluten ließ, nachdem die Israeliten auf trockenem Boden mitten durch das Meer gezogen waren, 20 da nahm die Prophetin Mirjam, die Schwester Aarons, die Pauke zur Hand, und alle Frauen zogen mit Pauken und im Reigen hinter ihr drein. 21 Mirjam sang ihnen vor:

»Singet Jahwe, denn er ist hocherhaben, Roß und Reiter warf er ins Meer!«

Ex 15,19–21

Als nichts mehr ging und man ins Bodenlose zu fallen drohte, da eröffneten sich plötzlich wie durch ein Wunder neue Lebensmöglichkeiten. Das Wasser, das eben noch die absolute und unüberwindliche Grenze war, ist zum »Taufwasser« geworden, das das Leben unter ein gänzlich neues Vorzeichen stellt. Wer diese »Taufe« (Mk 10,38) ertragen und das »andere Ufer« erreicht hat, dem ist ein ganz wichtiger Entwicklungs- und Reifungsschritt gelungen, in dessen Leben ist »der Tag angebrochen« (14,27). Alles atmet die Frische des Morgens, trägt das Versprechen des noch Möglichen, des Werdens und des Gelingens. Endlich frei! Uralte Regeln, die bisher bestimmten und einengten, haben plötzlich ihr Recht verloren. Was unmöglich und unerreichbar schien, ist Wirklichkeit geworden. Was verschlossen und unzugänglich war, ist jetzt aufgebrochen.

Plötzlich ist in der Exodus-Erzählung das Weibliche, das beim Auszug fehlte, da (15,20). Als musisches Element mit Gesang und Tanz symbolisiert es die neu erschlossene Welt der Gefühle. Lebensfreude spricht aus diesem Bild. »Aufgetaucht« ist dieser weibliche Anteil der Persönlichkeit da, wo der entscheidende Schritt vom zwanghaften

Machenmüssen zum Fallenlassen gelungen ist. Das Leben hat eine neue Qualität erhalten. Denn Tanz und Gesang sind »Äußerungen«, die nur jemand zeigen kann, der offen geworden ist und aus sich »heraus«-gehen kann, ohne die Angst, dafür bestraft und getötet zu werden. »Roß und Reiter«, jenes kriegerische Bild der »Potenz« und der unterdrückenden Kräfte des »männlichen« Anteils, sind tot (15,21). Wahrhaftig ein Anlaß zum Jubel. Im Buch des Propheten Micha wird der weibliche Anteil ausdrücklich mit als Führer in die Freiheit genannt: »Ich habe dir doch Mose, Aaron und Mirjam als Führer gesandt« (Mich 6,4)! Ein weiterer Hinweis darauf, daß ausgerechnet der Bereich, dem man nicht zutraut, dem Glück dienlich zu sein, nämlich der Bereich des Unbewußten, des Emotionalen und des Empfänglich-Intuitiven, in Wahrheit ein ganz wesentlicher Führer in das Land der Freiheit und der Fruchtbarkeit ist.

Menschen, die in ihrer Entwicklung bis an diesen Punkt gelangt sind, werden oft von einer wahren Euphorie erfüllt. Während bis dahin alles so düster, aussichtslos und leidvoll erschien, ist jetzt alles voller Leben, voller Möglichkeiten und voller Glück. »Wie neugeboren« fühlt sich jemand, dem der Durchbruch »geglückt« ist. In der Therapie meinen viele an dieser Stelle, sie könnten die Beratung jetzt abbrechen, da die so sehr erhoffte Veränderung ja erreicht worden sei. Im Vergleich zur früheren inneren Gestimmtheit und Lebenssituation ist dieses Gefühl und diese Einschätzung durchaus verständlich. Aber in Wahrheit steht der Betroffene noch ziemlich am Anfang. Denn jetzt muß dieses neue Land, das da vor einem liegt, erkundet und erobert werden. Das bedeutet weiterhin ein mühsames Vortasten und Voranschreiten, auch wenn inzwischen die Voraussetzungen entscheidend geändert sind. Es ist in dieser augenblicklichen Hochstimmung eine herbe Enttäuschung, erkennen zu müssen, daß es immer noch nicht geschafft ist. Solche Enttäuschungen werden im Lauf des Weges noch öfter vorkommen, auch in der Exodus-Erzählung. Keiner weiß im voraus, was alles an Aufgaben, Schwierigkeiten und Abenteuern auf ihn zukommt. Das ist auch gut so, denn sonst würde keiner diesen Weg wagen. Deshalb ist er ja auch weder ein mutig gewagter noch ein buchhalterisch durchkalkulierter Weg, sondern Flucht aus Unerträglichkeit in unbekannte Gefilde, ein Weg über Höhen und Tiefen, mit Stolpern, Hinfallen und Wiederaufstehen. Wer allerdings schon einmal dermaßen »gestorben« und »wiederauferstanden« ist wie der, dem der entscheidende Schritt gelungen ist, der wird ganz tief in der Seele die Zuversicht behalten haben, daß auch jedes weitere Sterben Gewinn ist. Eine Zuversicht, die nicht immer bewußt ist, die auch den weiteren Geburtsvorgängen nichts von ihren Schmerzen nimmt, aber als neu zu aktivierende Erinnerung da ist.

17. Die Durststrecke

Mara

22 Hierauf ließ Mose die Israeliten vom Schilfmeer aufbrechen. Sie zogen weiter in die Wüste Schur. Drei Tage wanderten sie in der Wüste, ohne Wasser zu finden. 23 Als sie nach Mara kamen, konnten sie das Wasser nicht trinken, weil es bitter war. Darum hieß der Ort Mara. 24 Das Volk murrte gegen Mose und sagte: »Was sollen wir trinken?« 25 Er aber rief zu Jahwe, und Jahwe zeigte ihm ein Holz. Als er es in das Wasser warf, wurde das Wasser süß.

Dort gab er ihm Gesetz und Recht, und dort stellte er es auf die Probe. 26 Er sprach: »Wenn du auf die Stimme Jahwes, deines Gottes, hörst und tust, was recht ist in seinen Augen, wenn du seinen Geboten gehorchst und alle seine Satzungen beobachtest, dann will ich keine der Krankheiten, die ich über Ägypten kommen ließ, über dich verhängen. Denn ich, Jahwe, bin dein Arzt.«

27 Hierauf kamen sie nach Elim. Dort waren zwölf Quellen und siebzig Palmen. Sie lagerten sich daselbst am Wasser.

Ex 15,22–27

Auf dem Weg zur Selbstwerdung beginnt jetzt ein Abschnitt, der in den Märchen als »Reifungselend« bezeichnet wird. Da wird dann beispielsweise der Held vom königlichen Hof verbannt und muß durch viele Prüfungen und Widerwärtigkeiten innerlich wachsen, ehe er dann gereift und erstarkt den alten König endgültig ablösen kann. Elend ist sicherlich Ausdruck für einen schmerzlich empfundenen Mangelzustand. Reifungselend ist offenbar ein zur Reifung notwendiger Mangelzustand, eine Prüfung, die Wichtiges von Unwichtigem unterscheidet und gerade durch den Mangel das Wesentliche zutage treten läßt. Reifungselend ist die Erfahrung der Wüste. »Man muß, um die formende Kraft der Wüste zu verstehen, etwa die Salzkarawanen vor sich sehen, die aus dem Innern des Tschad kommend, Tausende von Kilometern durchqueren. Diese Menschen rechnen ihr

Lebensalter nicht in Jahren, sondern nach der Anzahl der Karawanen, an denen sie teilgenommen haben – 20 Karawanenwege sind ein sehr hohes Alter; und würden sie von den Strapazen ihrer Wanderungen berichten, so hätten sie vor allem von der Willensanspannung zu erzählen, die nötig ist, um Tag für Tag gegen den Sand, gegen den Wind, gegen den Durst, gegen die Erschöpfung eine bestimmte Wegstrecke bis zu einer bestimmten lebenswichtigen Zisterne zurückzulegen; von der flirrenden Hitze am Tag und der klirrenden Kälte der Nacht müßten sie berichten, von dem Gefühl der ohnmächtigen Winzigkeit inmitten der grenzenlosen Weite, über sich das strahlende Blau-Grau der Himmelskuppel oder das flimmernde Band der Sterne und um sich herum kein anderes Geräusch als das Pfeifen des Chamsin und den heiseren Schrei der Kamele. Die Menschen der Wüste wissen um die vollständige Ausgeliefertheit an die Mächte der Natur, als wollte die Landschaft selbst sie die Haltung der Gottergebenheit, des Islam, lehren. Aber gerade so wird ihnen inmitten von Not und Entsagung jeder Tropfen Wasser und jeder Atemzug des Lebens, eben weil er den Einsatz des ganzen Lebens kostet, über die Maßen kostbar. Die Wüste selbst lehrt, den Wert der Dinge wieder zu schätzen.«[33]

So führt auch der Weg zu sich selbst, der Weg in die Freiheit von all dem, ohne das man zu leben nicht glauben konnte, geradewegs in die Wüste (15,22). Wenn die alten Einstellungen, Gewohnheiten und Verhaltensmuster ihre beherrschende Macht und Stellung verloren haben, erweist sich die neugewonnene Freiheit unversehens als Leere, eben als Mangelzustand. In dieser Wüste gibt es scheinbar nichts zu trinken, nichts, wovon man leben kann (15,22). Und wenn man glaubt, etwas gefunden zu haben, dann schmeckt es bitter (15,23). Das außengesteuerte Leben in seiner quälenden Abhängigkeit von den Forderungen und Erwartungen anderer ist zu Ende, aber an

Eigenem konnte noch nichts wachsen. So sehr die frühere Lebenssituation auch unterdrückende Knechtschaft war, so bot sie doch dadurch Sicherheit, daß unverrückbar feststand oder von anderen festgelegt wurde, was zu tun sei. Die Freiheit aber ist zunächst Orientierungslosigkeit. Die Freiheit ist Wüste, in der die Frage nach dem Lebenssinn, »was sollen wir trinken«, elementar erlebt wird (15,24). Sich diese Frage nun selbst, wenn auch mühsam, beantworten zu müssen und zu können, wird nicht als Chance, sondern als Mangel erlebt, als Zumutung, die erneut die Richtigkeit des eingeschlagenen Weges in Frage stellt. Dem Willen zur Selbstwerdung wirkt offenbar eine andere Kraft entgegen, die die alten Kirchenväter aus der Erfahrung ihrer eigenen Wüsteneinsamkeit »acedia«, d. h. soviel wie geistliche Trägheit und Werdescheu, nannten. Eine Kraft, die zurückhalten will, weil sie der Last des Weges ausweichen will. Immerhin wird in der Exodus-Erzählung die Zeit des Wüstenaufenthaltes mit 40 Jahren angegeben, eine abschreckend lange Zeit, aber wenig im Vergleich zum Zeitraum der Gefangenschaft, der ja in der Wüste aufgearbeitet werden muß. So scheuen denn viele vor dieser Durststrecke der wirklichen Selbstwerdung zurück, weil ihnen die Sicherheit der Führung fehlt und sie noch nicht genug gelernt haben, in sich selbst hineinzuhorchen.

Darum kommt genau an dieser Stelle als neue Lebensordnung (15,25) erneut die Empfehlung, auf die Stimme Jahwes zu hören und ihre Weisungen zu befolgen, da sie aus ärztlichem Heilungswillen kommt (15,26). Es ist die Empfehlung, in sich hineinzuhorchen und auf das zu achten, was sich in der eigenen Person »zu Wort« meldet.

Mit ihrer Grundregel, alles zu sagen, was einem gerade in den Sinn kommt, beschreitet auch die Psychoanalyse diesen Weg; sie geht davon aus, daß kein Einfall »zufällig« und damit ohne Sinn ist, sondern einem noch zu entdeckenden roten Faden folgt, also von zielgerichteten Kräften gelenkt wird, die es zu verstehen gilt. Dieser Weisheit des Unbewußten anhand der Einfälle und Traumbilder zu folgen, eröffnet oft heilsame Einsichten und Perspektiven. Im Vergleich mit dem Samen der Bergföhre (S. 16 f.) kam schon zum Ausdruck, daß es auch in der menschlichen Seele Kräfte gibt, die ganz zielgerichtet den Entwicklungs- und Wachstumsprozeß der Selbstwerdung entfalten. Wünsche und Ahnungen sind es, die sich ganz leise melden, leicht zu überhören, aber immer wiederkommend; Impulse, die im Rückblick den roten Faden eindeutig erkennen lassen: Werde, der du bist; gib dich nicht zufrieden mit Zerrformen des Lebens! Was hindert uns, in ihnen die Stimme Gottes, unseres Arztes (15,26), zu vernehmen? »Wie Säuglinge verlangt nach der Milch des Wortes ohne Trug, damit ihr durch sie heranwachst und das Heil erlangt. Ihr habt ja schon verkostet, wie gut der Herr ist« (Petr 2,2 f.)! Die Weisungen, die hier erfolgen, sind etwas anderes als die moralischen Forderungen eines durch Erziehung geprägten Gewissens. Es sind viel grundlegendere Weisungen, die jenseits aller Moral zur Führung des eigenen Lebens aufrufen und ermächtigen. Es sind existentielle Weisungen, deren Charakter nicht anders wiedergegeben werden kann denn als Impuls, sich selbst dem Leben nicht zu verweigern, sondern der biologischen Existenz die Entfaltung der psychischen Einmaligkeit folgen zu lassen.

Wo man dieser Empfehlung nachkommt, da tun sich wie von selbst inmitten der Wüste Oasen auf, die mit der Fülle ihrer Quellen und Palmen Verweise auf künftige Fruchtbarkeit sind (15,27). Quellen sind Fruchtbarkeitssymbole und damit Signal dafür, daß hier jemand Zufuhr neuer seelischer Energien erfährt. Bäume mit Früchten, Symbole des Selbst, wachsen hier in großer Zahl. Zwölf Quellen sind es außerdem, dreimal vier. Die Vier ist ein Symbol der Ganzheit, denn alles, das vier Richtungen hat, hat auch ein Zentrum. Zwölf, dreimal vier, ist kurz vor vier

mal vier, also ein dynamisches Moment, das auf Vervoll-
kommnung und Ganzheit hindrängt.

Wo jemand den Weg nach innen im Hören auf die
Stimme des existentiellen Gewissens antritt, da beginnt
das eigene Selbst fruchtbar zu werden – noch nicht in
Fülle, aber wie Leben in Oasen, die Orientierungs- und
Überlebensstationen zugleich sind. »Wer mir vertraut, aus
dessen Inneren werden Ströme lebendigen Wassers flie-
ßen« (Joh 7,38).

18. Widerstand von innen

16 *1 Sie brachen von Elim auf, und die ganze Gemeinde der Israeliten kam am fünfzehnten Tag des zweiten Monats nach ihrem Auszug aus Ägypten in die Wüste Sin, die zwischen Elim und dem Sinai liegt. 2 Da murrte die ganze Gemeinde der Israeliten gegen Mose und Aaron in der Wüste. 3 Die Israeliten sagten zu ihnen: »Wären wir doch durch die Hand Jahwes in Ägypten gestorben, als wir vor Fleischtöpfen saßen und uns satt aßen am Brot. Doch ihr habt uns in diese Wüste geführt, um diese ganze Gemeinde vor Hunger sterben zu lassen.«*

Ex 16,1–3

Zu den merkwürdigen Erfahrungen der Psychotherapie gehört die, daß der Patient, der ja gekommen ist, um heil zu werden, der Heilung Widerstand entgegenbringt. Freud hatte bei seiner Arbeit beobachtet, daß die Patienten entgegen der Grundregel, alles zu sagen, schwiegen oder bestimmte Themen vermieden oder nur Triviales und Nebensächliches erzählten oder sogar den Gesprächstermin vergaßen. In seinen »Studien über Hysterie« schrieb Freud 1895: »Durch solche Erfahrungen gewann ich den Eindruck, ... ich hätte einen Widerstand zu überwinden, so setzte sich mir der Sachverhalt ohne weiteres in die Theorie um, daß ich durch meine psychische Arbeit eine psychische Kraft bei dem Patienten zu überwinden habe, die sich dem Bewußtwerden (Erinnern) der pathogenen Vorstellungen widersetzt.«[34] Dieser Widerstand erklärt sich also aus dem durchaus natürlichen Drang, Unlustgefühle möglichst zu vermeiden. Einen derartigen Heilungswiderstand kennt auch der Zahnarzt: Obwohl der Zahn zur Heilung des Patienten gezogen werden muß, widersetzt sich der eine oder andere heftig aus Angst vor den mit der Behandlung verbundenen Schmerzen. Genau das ist der Kern des Widerstandes: der

Wunsch, sich Schmerzen zu ersparen. Dieser Drang ist dafür verantwortlich, daß unangenehme Erfahrungen, weil peinlich oder schmerzlich, aus dem Gedächtnis verdrängt werden, und ebenso dafür, daß ihrem Erinnern und Neuerleben Widerstand entgegengebracht wird. Dieser Drang ist auch verantwortlich für die eben schon genannte Werdescheu; denn jedes Wachstum und jede Veränderung ist ja, wie wir schon gesehen haben, mit Ängsten vor dem Neuen und Unbekannten, den Schmerzen der Trennung und den ebenso schmerzlichen »Geburtswehen« verbunden. Daher begleitet der Widerstand »die Behandlung auf jedem Schritt; jeder einzelne Einfall, jeder Akt des Behandelten muß dem Widerstande Rechnung tragen, stellt sich als Kompromiß aus den zur Genesung zielenden Kräften und den angeführten, ihr widerstrebenden, dar«[35].

Der Widerstand kann in ganz unterschiedlichem Gewand daherkommen und das nicht nur in der Therapie. Wir kennen ihn als Vermeidungstendenz auch im Alltag. So können wir z. B. eine Kritik, die einen wunden Punkt getroffen und deshalb weh getan hat, dadurch mildern oder aufheben, daß wir den Kritiker entwerten: »Der war ja immer schon bescheuert!« Vieles der heftigen Abwehr der Psychoanalyse durch die Kirche erklärt sich aus solchem Widerstand. Wir kennen ihn auch als Versuch, unangenehmen Erfahrungen eine annehmbarere Deutung zu geben: »ich habe mich beherrscht«, statt »ich hatte Angst, meinen Ärger deutlich zu zeigen«. Jedenfalls dient der Widerstand dazu, Schmerzen zu vermeiden oder sie wenigstens im Rahmen des Erträglichen zu halten; er behindert aber dadurch die Heilung und Reifung erheblich.

Auch die Exodus-Erzählung schildert einen solchen Widerstand. Es ist die unausrottbare Neigung, angesichts der Gegenwart die Vergangenheit zu verklären. Es ist verständlich, daß in einer Situation der Entbehrung wie in der Wüste der Blick zurückgeht. Aber dem Widerstand gegen die aktuellen Schmerzen ist anzulasten, daß dieser Blick zurück so verklärend ausfällt. »Vergessen« ist offenbar, wie sehr die Vergangenheit Knechtschaft und Unterdrückung war. »Vergessen« ist offenbar, wie unerträglich dieses Leben war. Geblieben ist lediglich die Erinnerung an die Fleischtöpfe (16,3). Das ganze Banale, »Primitive« gewinnt plötzlich Vorrang vor dem hochwertigen Ziel der Freiheit und Selbstwerdung. Wer jemals eine »innere Wüste« erlebt hat, wird verstehen können, wie sehr die Vergangenheit, der man eben noch entkommen wollte, angesichts der Gegenwart auf einmal zur Sicherheit gewährenden Verlockung werden kann. »So schlimm war das früher gar nicht, da wußte ich wenigstens, wo ich dran war und wie ich mich verhalten sollte; aber jetzt weiß ich gar nichts mehr, ich sitz zwischen allen Stühlen und gehöre nirgendwo mehr hin; das ist viel schlimmer!« meinte ein Patient in dieser Phase der Behandlung. In seinem momentanen Erleben zählte nicht mehr der Druck der früheren Lebenssituation, sondern nur noch der Druck der aktuellen Orientierungslosigkeit. Selbst die damals so bedrückende Qual depressiver Schuldgefühle schien ihm im Vergleich zur Gegenwart wie ein Stück Beheimatung, denn immerhin waren ihm ihre Strukturen »vertraut«. Was er aber jetzt erlebte, war ihm völlig unbekannt und deshalb mehr Zumutung als Chance. So kann der Blick zurück zu einer gefährlichen Illusion werden, die jedes Weitergehen blockiert.

Eine andere gefährliche Variation des Zurückblickens liegt in der Unfähigkeit, von Vertrautem Abschied zu nehmen. Es ist ein Blick, der immer wieder zurückgeht, weil er die Schmerzen der Trennung nicht ertragen will oder von vertrauten Vorstellungen nicht Abschied nehmen kann. Der Blick auf eine unglücklich verlaufene Kindheit, die erheblich für die Belastung der Gegenwart verantwortlich ist, kann so zur Fixierung werden, die nicht mehr offen sein läßt für Zukunft. Der Blick auf Zeiten, in denen alles angeblich so schön und in Ordnung war, die »goldenen Zwanziger« etwa oder die »gute vorkonziliare Zeit«, kann augenblicklich erstarren lassen – diese Gefahr wird in der Lot-Erzählung im Bild der Salzsäule symbolisiert (Gen 19,17–26).

In der Wüste geht der Blick unweigerlich zurück. In seiner verklärenden und damit an die Vergangenheit bindenden Eigenschaft aber ist dieser Rückblick Widerstand gegen die Mühen der Selbstwerdung und damit eine gefährliche Erstarrung.

19. All-tägliche Geschenke

6 Da sprachen Mose und Aaron zur ganzen Gemeinde der Israeliten: »Heute abend sollt ihr erfahren, daß Jahwe es ist, der euch aus Ägypten herausgeführt hat. 7 Und morgen früh werdet ihr die Herrlichkeit Jahwes schauen. Denn er hat euer Murren gegen Jahwe gehört. Was sind wir, daß ihr gegen uns murrt?« 8 Und Mose sprach: »Heute abend wird euch Jahwe Fleisch zu essen geben und morgen früh Brot zum Sattwerden; denn Jahwe hört euer Murren, das ihr gegen ihn erhebt. Was sind wir? Nicht gegen uns richtet sich euer Murren, sondern gegen Jahwe.«

9 Darauf sprach Mose zu Aaron: »Sage der ganzen Gemeinde der Israeliten: Tretet vor Jahwe, denn er hat euer Murren gehört!« 10 Als Aaron der ganzen Gemeinde der Israeliten dies mitgeteilt hatte und sie sich zur Wüste hinwandten, siehe, da erschien die Herrlichkeit Jahwes in Form einer Wolke. 11 Jahwe sprach zu Mose: »Ich habe das Murren der Israeliten gehört. 12 Sage ihnen: Heute abend sollt ihr Fleisch essen und morgen früh euch mit Brot sättigen. So sollt ihr erkennen, daß ich, Jahwe, euer Gott bin.« 13 Und wirklich: am Abend kam ein Wachtelschwarm heran und bedeckte das Lager. Am Morgen aber war tauender Nebel rings um das Lager. 14 Als der tauende Nebel aufstieg, da lag auf dem Boden der Wüste etwas Feines, Körnerartiges, fein wie Reif auf der Erde. 15 Die Israeliten sahen es und sagten zueinander: »Was ist das?« Denn sie wußten nicht, was es war. Da sprach Mose zu ihnen: »Das ist das Brot, das Jahwe euch zu essen gibt. 16 Folgendes gebietet euch Jahwe: Jeder von euch lese davon nach seinem Bedarf auf, einen Omer auf den Kopf nach der Zahl eurer Personen. Jeder hole davon nur für seine Zeltgenossen.«

17 Die Israeliten taten so und lasen auf, der eine viel, der andre wenig. 18 Als sie aber mit dem Omer maßen, hatte der eine, der viel gesammelt hatte, keinen Überfluß, und der wenig gesammelt hatte, keinen Mangel. Jeder hatte nach seinem Bedarf aufgelesen.

19 Weiter sprach Mose zu ihnen: »Niemand soll etwas davon bis zum anderen Morgen aufheben.« 20 Sie hörten jedoch nicht auf Mose, sondern einige hoben etwas bis zum anderen Morgen auf. Es war aber voll Würmer und stank. Da wurde Mose zornig auf sie. 21 So lasen sie es Morgen für Morgen auf, jeder nach seinem Bedarf. Sobald aber die Sonne zu glühen begann, zerschmolz es.

Ex 16,6—21

Man hat die Psychoanalyse einmal mit einer Wendeltreppe verglichen: ... immer wieder gehe der Blick auf die gleichen Probleme, aber jeweils von einem anderen Niveau, jeweils von einer neuen Warte aus. So haben wir es auch im Prozeß der Selbstwerdung bei aller Unterschiedlichkeit der einzelnen Stationen immer wieder mit ähnlichen Problemen zu tun, die jeweils von einer anderen Vorerfahrung aus wieder Aufmerksamkeit finden. So auch in der vorliegenden Szene des Exodus. Es sind zwei bekannte Probleme, die hier erneut aufgegriffen werden: die Konzentration auf das Wesentliche durch die Wüstensituation und die Erfahrung, von Geschenken zu leben.

Die Wüste ist – so hatten wir früher schon festgestellt (s. S. 91 f.) – ein Zustand absoluten Mangels, in dem das Nicht-mehr-Haben die Frage nach den Lebensgrundlagen (was sollen wir trinken, was sollen wir essen? = wovon können wir leben?) überhaupt erst zu einer elementaren Frage werden läßt. Die Wüste ist ein Erziehungsprozeß, der hart und stetig vom Peripheren und Überflüssigen zum Zentralen und Wesentlichen hinführt. In der Wüste werden Kleinigkeiten, vorher gering geschätzt, zu Kostbarkeiten. So vieles, ohne das man nicht leben zu können glaubte, entpuppt sich in der Wüste als völlig entbehrlich, während anderes, das bisher nicht beachtet wurde, unwahrscheinlich an Bedeutung gewinnt. So ist es nur folgerichtig, daß die alten Mönchsväter die Wüste aufsuchten, um in ihr und von ihr zu lernen, dem Wesentlichen auf die Spur zu kommen. So lernt auch Israel in der Wüste, wovon es wirklich leben kann. So lernt noch jeder, der auf den Weg gekommen ist, in der Wüste der eigenen Orientierungslosigkeit, der Wüste des Verlustes von bisher Lebenswichtigem und in der Wüste des Nicht-mehr-machen-Könnens das Wesentliche an Lebensgrundlagen zu erkennen, oder er geht zugrunde.

Ein junger Mann mußte während des Studiums erfahren, daß er von einer unheilbaren Krankheit befallen war, die einen zunehmenden geistigen und körperlichen Verfall bedeutete und über kurz oder lang zum Tode führen würde. Eine totale Situation der Wüste, in der alles verlorenging, was bisher dem Leben Sinn gab, wie Beruf, Partnerschaft, Kinder, Aktivitäten und Zukunftsplanung. Statt dessen nichts mehr, was noch Sinn oder Freude vermittelte, sondern nur noch Öde, Leere und Hoffnungslosigkeit. Bis unter unendlich vielen Tränen und Schmerzen anderes in den Blick geriet und dem Leben wieder eine Grundlage gab, sogar wieder Freude verspüren ließ: das einfache Dasein von Freunden und Verwandten, ein Lächeln, eine zärtliche Geste, miteinander Schweigen, der Blick in den Garten. Auch für die, die mit ihm in der Krankheit aushielten, verlor an Wert, was früher unentbehrlich schien, während das Zeigen und Aushalten von Gefühlen, das offene Gespräch und die menschliche Nähe dem Leben eine bis dahin nie geahnte Tiefe verlieh. Die Beteiligten durchliefen die harte Schule der Wüste, die man jedem zumindest in dieser Härte gerne ersparen möchte.

Die Konzentration auf das Wesentliche geschieht angesichts des drohenden Todes besonders deutlich. In vielen Gesprächen mit Sterbenskranken konnte ich erleben, daß es nicht die Weltreisen, das Eigentum und irgendwelche Aktivitäten sind, die angesichts des bevorstehenden Todes vermißt werden. Was nun vielmehr in den Blick gerät, sind menschliche Beziehungen und das eigene Selbst. Habe ich Liebe erfahren und Liebe schenken können? Habe ich gelebt oder bin ich von Trends, Moden und Meinungen gelebt worden? Bin ich Ich gewesen? Das sind Fragen, die wirklich bedeutsam sind: Erziehung durch die Wüste.

Die Konzentration auf das Wesentliche ist auch eine Konzentration auf die Gegenwart. Nichts darf und kann für morgen bevorratet werden (16,19), vielmehr muß täglich neu zusammengeklaubt werden, wovon man leben kann. In der Wüste werden die Ziele bescheidener, wird man froh, sich von einem auf den anderen Tag retten zu können. Das Gegenwärtige wird wichtiger als Vergangenheit und Zukunft, die Aufmerksamkeit für das Gegenwärtige steigt: ebenfalls Erziehung durch die Wüste.

In der Wüste, wo man alles verloren hat, was bisher dem Leben Bestand, Grundlage und Orientierung gab, wo man nichts mehr »machen« kann, weil man angesichts der Kräfte der Natur die eigene Ohnmacht erlebt, in dieser Wüste wächst die Erfahrung, daß man trotzdem lebt und leben kann. Man lebt von all-täglichen Geschenken, einzelnen Brocken, die wie gütige Grüße vom Himmel aufgelesen werden müssen. So ein »Brocken« kann ein gutes Wort sein, ein freundlicher Blick, den man genießt. Ganz Alltägliches kann es sein, das man plötzlich wahrnimmt und von dem man spürt, wie gut es einem tut. Jeder wird sein Maß finden müssen, jeder wird das für sich Richtige entdecken müssen (16,17f.). Da hilft kein Vergleich. Das für jeden Angemessene ist eben individuell, es ist dann weder zu viel noch zu wenig! Auch das ist Erziehung durch die Wüste: die Konzentration auf das individuell Angemessene und Notwendige.

Hier in der Wüste beginnt endgültig der Wechsel der Daseinserfahrung. Aus der Sklavenmentalität, die Lebendürfen, Anerkennung und Brot durch harte Fronleistung erkaufen mußte, wird die allmähliche Zuversicht, im wesentlichen einfach dasein zu dürfen und von dem zu leben, was einem geschenkt wird. Keine ausgelieferte Bettlerexistenz, sondern durch die Konzentration auf das Wesentliche, Gegenwärtige und Alltägliche eine empfängliche, aufmerksame und offene Existenz. Eine harte, aber ungeheuer bereichernde Schule.

20. Zum Steinerweichen

Das Wasser aus dem Felsen

17 1 *Hierauf zog die ganze Gemeinde der Israeliten von der Wüste Sin gemäß der Weisung Jahwes von Lagerplatz zu Lagerplatz weiter, und sie lagerten sich in Rephidim. Hier gab es kein Trinkwasser für das Volk. 2 Da haderte das Volk mit Mose, und sie sprachen: »Gib uns Wasser zum Trinken!« Mose entgegnete ihnen: »Was hadert ihr mit mir? Was versucht ihr Jahwe?« 3 Aber das Volk dürstete nach Wasser. Darum murrte es weiter gegen Mose und sprach: »Wozu hast du uns aus Ägypten herausgeführt? Etwa, um uns und unsere Kinder und unser Vieh vor Durst umkommen zu lassen?« 4 Da schrie Mose zu Jahwe: »Was soll ich mit diesem Volke machen? Es fehlt nur wenig, und es steinigt mich.« 5 Jahwe antwortete Mose: »Gehe dem Volke voraus! Nimm einige von den Ältesten Israels mit dir; und deinen Stab, mit dem du den Nil geschlagen hast, nimm in deine Hand und gehe! 6 Ich werde mich dort vor dir auf den Felsen am Horeb stellen. Schlage dann auf den Felsen, es wird Wasser aus ihm hervorfließen, und das Volk kann trinken.« Mose tat so in Gegenwart der Ältesten Israels. 7 Er nannte den Ort Massa und Meriba, weil die Israeliten dort gehadert und Jahwe versucht hatten, indem sie sagten: »Ist Jahwe unter uns oder nicht?«*

Ex 17,1–7

Die ständigen Rückfälle Israels gehören zu den aufregenden Zügen der Exodus-Erzählung. Immer wieder meint man, jetzt müßten die Israeliten doch begriffen haben, jetzt müßten sie doch endlich Vertrauen in das fürsorgende Dasein Gottes und die guten Mächte dieser Welt entwickelt haben. Statt dessen erleben wir jedesmal wieder Klagegeschrei und Widerspenstigkeit wie bei einem verzogenen Kind, das nicht sofort bekommt, was es will, und nicht gelernt hat, Spannung auszuhalten. Es ist schon erschreckend mitanzusehen, wie sehr etwas, das eben noch gelernt und verstanden schien, im nächsten Moment bei der geringsten Spannung schon wieder »vergessen« ist. Es dauert offenbar länger und bedarf anscheinend immer wieder der Bestätigung, ehe sich eine Erfahrung wirklich gesetzt hat und zum integrierten Bestandteil der Persönlichkeit geworden ist. Es ist ein erschreckender Zug, weil er die Schwierigkeit und Langwierigkeit des Selbstwerdungsprozesses betont. Zugleich ist es aber auch ein tröstlicher Zug, weil er diese Langwierigkeit nicht als Sonderfall ausweist, sondern als die Regel, und damit zur Geduld führen will, auch zur Geduld mit sich selbst. Also fragen wir uns geduldig, was denn jetzt schon wieder Anlaß zur Aufregung ist, nachdem wir doch eben den Eindruck hatten, die Daseinserfahrung würde sich grundlegend ändern. Vielleicht ist genau dies die nächste Lernerfahrung der Wüste: daß Enttäuschungen und Spannungen nicht zu vermeiden sind, sondern ausgehalten werden müssen. Ein leidfreies Leben und streitfreie Beziehungen sind zwar Sehnsüchte, die wir in uns tragen, aber wenn sie zur fixen Idee werden, verhindern sie den angemessenen Umgang mit der Realität. Es gibt keinen Weg zurück in die vorgeburtliche Urharmonie und totale Versorgung. Wer sich von dieser Sehnsucht zurück nicht lösen kann, bleibt gefesselt, kann sich nicht weiterentwickeln. Die Wasser des Lebens sprudeln nicht jederzeit und überall und das »mana« muß jeden Tag neu gesucht und gesammelt werden. Selber zu leben, ist anstrengend. Enttäuschungen werden öfter auftreten: Enttäuschungen über die eigenen Grenzen, die wir verspüren; Enttäuschungen über die Begrenztheit der anderen; Enttäuschungen schließlich auch über die Begrenztheit als grundsätzlicher Charakter der Welt und des Daseins. So weh Enttäuschungen auch tun, sie können uns von Täuschungen frei und damit tauglicher für die Realität machen. Jede durchlittene Enttäuschung und jede ausgehaltene Spannung zwischen Wunsch und Wirklichkeit ist für die Persönlichkeit ein Stück Reife und Festigkeit mehr. Spannung auszuhalten und daran zu wachsen, war mit ein

Anliegen der alten Askese und ihrer Fastenübungen, die als Persönlichkeitsbildung und Lernaufenthalt in der »Wüste« verstanden wurde.

Die hier in der Exodus-Erzählung geschilderte Spannung besteht offenbar darin, daß erneut die Sehnsucht nach Lebendigkeit und Lebensfülle (»der Durst nach Wasser«) in starkem Kontrast zur aktuellen Wirklichkeit empfunden wird; dabei ist nicht zu erkennen, wie sich das ändern soll (17,1.3). Schon wieder befinden wir uns auf der »Wendeltreppe« und müssen ein bekanntes Problem aus einem neuen Blickwinkel betrachten. Die Antwort auf die empfundene Not ist das Wasser aus dem Felsen.

Felsen und gewaltige Steine können stark beeindrukken. In ihrem positiven Aspekt vermitteln sie den Eindruck von Festigkeit, Sicherheit und Beständigkeit. So erinnern sie an das Ewige und Kraftvolle göttlicher Mächte. In ihrem negativen Aspekt dagegen vermitteln sie den Eindruck von Verhärtung und Unbeweglichkeit. Mit beiden Aspekten eignet sich der Fels hervorragend zur Symbolisierung des Selbst. Denn eine gefestigte und kraftvolle Persönlichkeit, die als unverlierbare beständige Wirklichkeit Sicherheit vermittelt, soll ja aus dem Selbst entwickelt werden. Dazu muß alle Verhärtung aufgebrochen und alles Unbewegliche in Fluß gebracht werden. So sind wir fast schon am Ziel unseres Bemühens, wenn mitten in der Wüste infolge des Mangels die Konzentration auf sich selbst erfolgt und dadurch das verhärtete und erstarrte Selbst in Bewegung gerät und zum Lebensspender wird. Denn Ziel der Entwicklung ist es, das eigene Selbst zur Quelle der Lebendigkeit und der Lebensfülle werden zu lassen. Aber ehe dies gelingt, sagt die Erzählung, sind viel Geduld und viel ertragene Enttäuschung und Spannung notwendig.

21. Widerstand von außen

Kampf mit Amalek
  8 Hierauf rückten die Amalekiter heran, um mit den Israeliten in Rephidim zu kämpfen. 9 Da sprach Mose zu Josua: »Wähle dir Männer aus und ziehe morgen aus zum Kampf mit den Amalekitern! Ich will mich mit dem Gottesstab in der Hand auf den Gipfel des Hügels stellen.« 10 Josua tat, wie ihm Mose befohlen hatte, und zog aus zum Kampf mit den Amalekitern. Mose aber stieg mit Aaron und Hur auf den Gipfel des Hügels. 11 Solange Mose seine Arme erhob, behielten die Israeliten die Oberhand; wenn er aber die Arme sinken ließ, gewannen die Amalekiter die Oberhand. 12 Schließlich wurden aber die Arme des Mose zu schwer. Da nahmen sie einen Stein und legten den unter ihn, und er setzte sich darauf. Aaron und Hur stützten seine Arme, der eine auf dieser, der andere auf der anderen Seite. So blieben seine Arme erhoben bis zum Sonnenuntergang. 13 Und Josua besiegte die Amalekiter und ihr Kriegsvolk mit der Schärfe des Schwertes. 14 Danach sprach Jahwe zu Mose: »Schreibe dies zum Gedächtnis in ein Buch und verkünde Josua, daß ich die Erinnerung an die Amalekiter völlig unter dem Himmel austilgen werde.« 15 Mose aber baute einen Altar und nannte ihn Jahwe-Nissi; 16 »denn«, sagte er, »das Feldzeichen Jahwes in die Hand! Krieg führt Jahwe mit Amalek von Geschlecht zu Geschlecht.«
                                                              Ex 17,8–16

Zur Reifung der Persönlichkeit gehört also, Frustrationen zu ertragen und Spannungen wie die zwischen Wunsch und Wirklichkeit auszuhalten. Kaum ist dies bewußt geworden, da erfolgt die nächste Lektion, daß Streit im Leben nicht vermieden werden kann, sondern aktiv ausgetragen werden muß. Bisher hatten wir es auf dem Weg in die Freiheit vorwiegend mit Problemen und Widerständen zu tun, die in der eigenen Person begründet sind, auch wenn sie Niederschlag der Erfahrungen mit anderen Personen sind. Jetzt aber doht eine ganz neue Gefahr: andere rücken heran, um einen zu bekämpfen

(17,8)! Jede Veränderung der eigenen Person wirkt sich natürlich auf die Umwelt aus. In erster Linie trifft es Ehepartner, Kinder, Eltern, Freunde und Arbeitskollegen. Sie spüren die Veränderung als erste und am deutlichsten – und reagieren verunsichert und aggressiv! Wer jemals neue Verhaltensweisen versucht, erntet zunächst Unverständnis. »Was ist denn mit dir los, was ist denn in dich gefahren?« sind noch harmlose Formen dieser Reaktion. Veränderungen erzeugen Angst, weil sie gewohnte und eingespielte Verhaltens- und Beziehungsmuster durchbrechen. Der sich verändernde Partner kann nicht mehr richtig eingeschätzt werden, die anderen verstehen ihn nicht mehr. (Ob sie ihn früher verstanden haben, sei dahingestellt.) Daher reagiert die Umwelt destruktiv auf alles, was nicht durchschaubar und nicht kalkulierbar ist und deshalb Ängste weckt. Diese Verunsicherung der Umgebung durch die eigene Veränderung ist eine nicht zu unterschätzende Schwierigkeit auf dem Weg. Vor allem deshalb, weil man eigentlich Ermutigung und Unterstützung bräuchte, statt dessen aber Gegenwehr provoziert. Zwar kann und muß man sogar versuchen, den anderen die eigene Veränderung zu erklären, damit sie akzeptiert werden kann, aber man kann nicht damit rechnen, daß sie auch wirklich verstanden wird, denn der andere hat ja die eigenen Erfahrungen nicht selbst durchlebt. Von daher kann man nicht damit rechnen, daß die Veränderung akzeptiert wird. Streit ist unvermeidlich. Wenn einer beginnt, selbst Profil zu gewinnen und den eigenen Weg zu gehen, wird er gegenüber anderen auf Kollisionskurs geraten.

Dies gilt in besonderem Maße dann, wenn die Veränderung darin besteht, aus der Sklavenposition zur Selbstbestimmung zu wechseln und eigene Wünsche und Bedürfnisse ernstzunehmen. Plötzlich ist man zum Konkurrenten um die Erfüllung der Bedürfnisse geworden. Wer beginnt, eigene Ansprüche zu stellen, wird sich gegen die

Ansprüche der anderen wehren müssen. Auch das ist wieder eine ganz wichtige Erfahrung, die allerdings in deutlichem Widerspruch zu dem steht, was gemeinhin als christliche Lebensführung ausgegeben wird. Christliche Moral neigt dazu, ein Harmonie-Ideal zu fördern, das nicht Ergebnis ausgetragener Spannungen ist oder im Aushaltenkönnen von Unterschieden und Spannungen besteht, sondern eigene Wünsche und Ansprüche ignorieren und unterdrücken muß. Das Ureigene wird auf dem Altar der Harmonie geopfert, um nur ja keine Spannung aufkommen zu lassen. Wer aber sein Selbst entwickeln und verwirklichen will, kommt nicht an Auseinandersetzungen vorbei. Er muß lernen, die eigenen Ansprüche ernstzunehmen und sich den Ansprüchen und Erwartungen anderer zu verweigern. Das ist nicht unchristlich, sondern Voraussetzung, um überhaupt christlich sein zu können. Denn nur, wer ein Selbst entwickelt hat, kann sich »selbst« auch einmal zugunsten anderer zurücknehmen. Andernfalls sind und bleiben wir in »ägyptischen Verhältnissen«, wo die einen mächtige Pharaonen sind und die anderen nichtswürdige Sklaven; Verhältnisse, die auch von Gott her als »Unrecht« und »Elend« und deshalb als zu verändern betrachtet werden (Ex 3,7 f.). Darum kann diesen Kampf um das Eigene auch nur führen und bestehen, wer sich dazu von Gott ermutigt und berechtigt weiß. Sobald Mose diesen »Segen von oben« nicht erhalten kann, verliert die kämpfende Truppe (17,11). Nur mit dieser »Absegnung«, dem Vertrauen, daß Gott mich und meine Daseinsberechtigung bejaht und ein Gott ist, der das Leben will, kann der Kampf geführt und gewonnen werden.

In der Therapie ist diese Phase des Widerstands von außen sehr problematisch, denn sie kann bestehende Beziehungen gefährden. Wenn der Ehepartner beispielsweise nicht bereit ist, die Veränderung zu verstehen und zu bejahen und auch erforderliche eigene Änderungen zu vollziehen, dann gibt es mitunter nur die Alternative: entweder zurück in die Neurose oder aber Trennung. Der Weg zurück ist dann nicht mehr möglich. Diese Phase ist auch deshalb problematisch, weil viele neurotische Entwicklungen und Erkrankungen gar nicht losgelöst von den sie mitverursachenden Ehe- und Familienstrukturen betrachtet und behandelt werden können. Diese Strukturen müssen mitberücksichtigt und in mühsamen und auch heftigen Auseinandersetzungen mitverändert werden. Wo dies nicht gelingt, ist um des Überlebens des Betroffenen willen die Trennung unumgänglich. Da gilt dann wirklich, das Panier (Zeichen/Wahlspruch) Jahwes zur Hand zu nehmen, denn »Jahwe führt Krieg gegen Amalek von Geschlecht zu Geschlecht« (17,16).

Der Wahlspruch macht deutlich, wie wenig es in der Selbstwerdung um einen folgenlosen Rückzug auf private Innerlichkeit geht. Ziel der Selbstwerdung ist vielmehr die Entwicklung einer kraftvollen Persönlichkeit, die ihr soziales, politisches und strukturelles Umfeld in seinen behindernden und zerstörerischen Dimensionen zu erkennen vermag und deshalb zur Veränderung antritt. Der er selbst gewordene Mensch ist keineswegs politisch abstinent, sondern konsequenterweise politisch. Wer die innere Sklaverei überwunden hat, kann keine äußeren Pharaonen mehr dulden.

22. Perspektiven menschlichen Lebens

Der Dekalog

20 1 *Nun redete Gott alle diese Worte:*
2 *»Ich bin Jahwe, dein Gott, der dich aus dem Ägypterlande, dem Sklavenhause, herausgeführt hat.*

3 Du sollst keine anderen Götter haben als mich.

4 Du sollst dir kein geschnitztes Bild machen, kein Abbild von dem, was im Himmel droben oder unten auf der Erde oder im Wasser unter der Erde ist.

5 Du sollst dich nicht vor diesen Bildern niederwerfen und sie nicht verehren. Denn ich, Jahwe, dein Gott, bin ein eifernder Gott, der die Schuld der Väter ahndet an den Kindern, Enkeln und Urenkeln derer, die mich hassen,   6 der aber Huld erweist bis ins tausendste Glied an denen, die mich lieben und meine Gebote halten.

7 Du sollst den Namen Jahwes, deines Gottes, nicht mißbrauchen; denn Jahwe läßt den nicht ungestraft, der seinen Namen mißbraucht.

8 Gedenke des Sabbattags, daß du ihn heiligst.   9 Sechs Tage sollst du arbeiten und all dein Werk tun.   10 Der siebte Tag aber ist Sabbat für Jahwe, deinen Gott. Da darfst du keinerlei Werk tun, weder du selbst noch dein Sohn, noch deine Tochter, noch dein Knecht, noch deine Magd, noch dein Vieh, noch der Fremde, der sich in deinen Toren aufhält.   11 Denn in sechs Tagen hat Jahwe den Himmel, die Erde und das Meer und alles, was in ihnen ist, erschaffen; aber am siebten Tag ruhte er. Deshalb hat Jahwe den Sabbattag gesegnet und ihn geheiligt.

12 Ehre deinen Vater und deine Mutter, damit du lange lebst in dem Lande, das Jahwe, dein Gott, dir geben will.

13 Du sollst nicht töten.

14 Du sollst nicht ehebrechen.

15 Du sollst nicht stehlen.

16 Du sollst nicht als falscher Zeuge gegen deinen Nächsten auftreten.

17 Du sollst nicht begehren das Haus deines Nächsten. Du sollst nicht begehren das Weib deines Nächsten, noch seinen Knecht, noch seine Magd, noch sein Rind, noch seinen Esel, noch irgend etwas, was deinem Nächsten gehört.«   *Ex 20,1–17*

In den Märchen führt die Suchwanderung nach der verwunschenen Jungfrau oder dem kostbaren Schatz immer durch ein magisches Reich voll merkwürdiger Gestalten, in dessen Zentrum der Suchende auf ein Haus, ein Schloß, einen Berg oder eine Höhle stößt. Meist macht er in diesem Zentrum eine wichtige Erfahrung oder erhält entscheidende Hinweise, die seine Suche zum Erfolg werden lassen. Psychologisch gesprochen bedeutet dies, daß der Mensch auf seinem Individuationsweg ein Kernproblem berührt. So ist der Berg in vielen Märchen und Mythen das zu erreichende Ziel. Die Beschwerlichkeit der Bergbesteigung versinnbildlicht entsprechende Schwierigkeiten in der Lebenswirklichkeit. Entscheidend ist aber, was der Suchende auf dem Berg vorfindet und was dort geschieht. Auf seinem Weg in die Freiheit gelangt auch Israel an einen solchen Berg (19,2). Wir dürfen demnach davon ausgehen, daß hier noch einmal das Grundproblem von Freiheit oder Knechtschaft berührt und eine wichtige Erkenntnis vermittelt wird. So steht im Zentrum dieser »Offenbarung« vom Berg her das Zehnwort, das der Hebräer »Tora« nennt, d. i. Weisung zum Leben.

Es ist erstaunlich, daß erst so spät auf dem Weg, nachdem viele Stationen der Entwicklung durchlaufen wurden, das erste Mal so etwas wie Moral auf den Plan tritt. Ich werte dies einerseits als Beweis dafür, daß die Selbstwerdung als solche zum Guten führt, und andererseits als Hinweis darauf, daß nur in einem erhöhten Maß innerer Freiheit das Gute überhaupt gelebt werden kann! Erst nachdem in einem mühsamen Lern- und Entwicklungsprozeß die Überschätzung der Bedeutung anderer (der Pharaonen) gebrochen und die Unterschätzung und Entwertung der eigenen Person aufgehoben wurden, können Perspektiven menschlichen Lebens und menschlichen Miteinanders überhaupt in den Blick kommen. »Mit dem kategorischen Imperativ ›Gib mein Volk frei!‹ (10,3) wird ein Bann gebrochen, der lange auf der Menschheit lag. Es kam zum völligen Umsturz aller Werte: Der vergottete, titanische Pharao schrumpft über Nacht zum zitternden Vater, der vor dem Bett seines sterbenden Sohnes weint – und entdeckt, daß er auch nur ein Mensch ist (Ex 12,30). Und eine Horde von rechtlosen Sklaven und Proleten gewinnt den Adel der Ebenbildlichkeit Gottes zurück. Das Exodus-Ereignis bricht den Doppelbann, der Menschen allzu lange einerseits zu Göttern erhoben und andererseits zum Vieh erniedrigt hat. Die Bresche, die durch den Exodus in die gottlose Tyrannei geschlagen wurde, schafft die Vorbedingung zur Ebenbürtigkeit aller Adamskinder.«[36] Erst in dieser herrschafts- und entfremdungsfreien Existenz ist menschliches Miteinander möglich. So wird hier am Berg noch einmal das Kernproblem berührt und einer eindeutigen Lösung zugeführt: nur in der Bindung an den Exodus-Gott ist ein Leben möglich, das frei von Menschenfurcht und frei von entfremdender Menschen- und Materialismenherrschaft das Ureigene wachsen und fruchtbar werden lassen kann, zum eigenen Wohl wie auch zum Wohl der anderen.

Deshalb bedeutet die Weisung, die hier erteilt wird, keine neue Knechtschaft, sondern Weisung, die gewonnene Freiheit zu bewahren. »Wenn dich morgen dein Sohn fragt: ›Was sollen eigentlich all die Satzungen, Gesetze und Rechtsnormen, auf die Jahwe, unser Gott, euch verpflichtet hat?‹, dann sollst du deinem Sohn antworten: ›Wir waren Sklaven des Pharao in Ägypten, da hat Jahwe uns mit starker Hand aus Ägypten geführt. . . . und Jahwe hat uns geboten, alle diese Weisungen zu halten . . ., damit es uns das ganze Leben lang gut geht und er uns Leben schenkt, wie wir es heute haben‹« (Dtn 6,20.21.24). Die hebräische Bezeichnung »Tora« kommt von »jara«, das die Bedeutung hat: mit dem Speer auf ein Ziel werfen, mit dem Zeigestock auf etwas zeigen. Die Tora ist also das, worauf Gott mit dem Finger zeigt, es sind seine Hinweise.

Diese Bezeichnung verleiht dem Ganzen einen völlig anderen Charakter, als wenn es mit römisch-juridisch verbildetem Empfinden als Gebot und Gesetz verstanden wird. Im Buch Deuteronomium wird eine Aussage über die Tora siebenmal wiederholt: »Durch diese Weisungen sollt ihr leben!«[37] »Die Rabbinen ziehen aus der siebenfachen Wiederholung dieses Leitsatzes die Schlußfolgerung: keine der Satzungen in der gesamten Tora darf so angewendet werden, daß die Kraft des Volkes, sie zu halten, überfordert wird.«[38] Lebenshilfe soll die Weisung sein, und nicht erneut überfordernd zur Fron werden, die das eigene unterdrücken muß, um – diesmal von Gott – am Leben gelassen zu werden. Es ist ein gewaltiger Unterschied, ob ich ein und dasselbe (den Inhalt der Weisung) tue, weil ein anderer dies von mir verlangt oder mich gar dazu zwingt (ich-dystone Qualität moralisierender Pädagogik), oder weil ich selbst dies für mich erarbeitet habe und es als mir entsprechend bejahe (ich-syntone Qualität). Im ersten Falle ist innere Zerrissenheit und Entfremdung die Folge, im zweiten Fall ist eine solche Handlung Ausdruck einer gereiften und ausgeglichenen Persönlichkeit. Dann erhält auch die rabbinische Grundlehre ihre Bestätigung, daß der Lohn der Gebote in ihrer Erfüllung selbst liegt, weil sie Weisungen sind, die dem Menschwerden und -bleiben entsprechen. Kein anderer Lohn braucht mehr erwartet werden, »weil ich mich doch so sehr selbst bezwinge und die Gebote halte«.

Die Weisung beginnt deshalb mit dem Hinweis auf die entscheidende Voraussetzung, daß dieser Gott ein »Jahwe« ist, ein zuverlässiger Beistand, und ein Gott der Freiheit (20,2). Beides ist nicht blasse theologische Theorie, sondern auf dem langen Weg bis hierher immer wieder eindrucksvoll erfahren worden. Ohne diese Vorerfahrung wäre es keinem möglich, sich auf diese Weisung einzulassen. Denn die Angst, sich dabei in einer neuen Abhängigkeit zu verlieren, wäre viel größer.

Darum diese wichtige Erinnerung als Einleitung, damit jeder weiß, daß hier kein Kommandogott mit Befehlen und Gerichtsandrohung an den Menschen herantritt, sondern der Gott, der ein Feind jeder Unterdrückung und ein Freund des Lebens und der Freiheit ist.

Damit dieses Leben weiter frei wachsen und gedeihen kann, erfolgt als nächstes die eindringliche Weisung, keinen anderen zu akzeptieren, der Herrschaft beansprucht (20,3). In der Mekhilta, der jüdischen Bibelauslegung zum Buch Exodus, wird der Ausdruck »andere Götter« (hebräisch »elohim acherim«) erklärt: Sie heißen acherim-Götter, weil sie ihre Anbeter zu Entfremdeten (acherim) machen[39]. Genau das hat Israel ja hart erfahren müssen. Genau das wird auch jeder, der andere Menschen oder Materielles zum Gott hat, in der Bilanz schmerzlich erkennen müssen. Geborgenheit, Anerkennung, umfassende Bejahung und Glück wird man niemals in ausreichendem Maße von Menschen und Dingen erwarten und erhalten können. Diese »Lebensmittel« können nur von Gott in einem Maße kommen, das »allen Hunger stillt«, ohne mit einer Deformierung des Lebens und der Persönlichkeit dafür bezahlen zu müssen. »Höre Israel, dein Gott ist alleinzig« (Dtn 6,4)!

Weil dieser Gott so lebendig und schöpferisch ist, kann er auch nicht in Bildern und Formeln festgelegt werden (20,4). Er muß vielmehr jedesmal neu auf dem Wege und jenseits aller Sicherheiten erfahren werden. Nur in dieser sicherlich beschwerlichen Wirklichkeit des Lebens kann er als der befreiende Beistand er-lebt werden.

Erst aus dieser Erfahrung heraus können Perspektiven menschlichen Miteinanders gewiesen werden, in denen keiner mehr den anderen als Konkurrenten und Gegner fürchten oder als Mittel zum Zweck eigenen Glückes miß-brauchen und überfordern muß[40].

23. Selbstüberschätzung

Das Goldene Kalb

32 1 *Als das Volk sah, daß Mose zögerte, vom Berg herabzukommen, rottete sich das Volk um Aaron zusammen und verlangte von ihm:* »*Auf, mache uns einen Gott, der vor uns herzieht! Denn wir wissen nicht, was aus diesem Mose geworden ist, aus dem Mann, der uns aus Ägypten herausgeführt hat.*« *2 Da sprach Aaron zu ihnen:* »*Nehmt die goldenen Ringe, die eure Frauen, eure Söhne und eure Töchter an den Ohren tragen, weg und bringt sie zu mir!*« *3 Das ganze Volk nahm die goldenen Ringe, die sie an ihren Ohren trugen, ab und brachte sie zu Aaron. 4 Er nahm sie aus ihren Händen entgegen, schmolz sie in einer Form ein und goß daraus ein goldenes Kalb. Da riefen sie:* »*Das ist dein Gott, Israel, der dich aus Ägypten herausgeführt hat!*« *3 Als Aaron dies sah, baute er vor ihm einen Altar, und Aaron rief aus und sagte:* »*Morgen ist ein Fest für Jahwe.*«

6 Am anderen Morgen standen sie früh auf, opferten Brandopfer und brachten Gemeinschaftsopfer dar. Und das Volk ließ sich nieder, um zu essen und zu trinken; dann erhoben sie sich, um sich zu belustigen.

Ex 32,1–6

Ein gewaltiger Prozeß der Entwicklung geht seinem vorläufigen Ende zu. Aus einer Lebenssituation quälender Abhängigkeit und dem Gefühl eigener Nichtigkeit ist eine Bewegung geworden, die in der Bindung an Gott und im Hören auf seine Stimme das eigene Selbst zur Quelle des Lebens hat werden lassen. In der Bindung an Gott konnten Überschätzung der außerhalb der eigenen Person liegenden »Glücksbringer« und die Geringschätzung der eigenen Person und ihrer Möglichkeiten überwunden und Perspektiven menschlichen Lebens gewonnen werden. Wer mitverfolgt hat, von wieviel Schwierigkeiten, Krisen und Versagen dieser Weg begleitet war, wird verstehen können, daß nun eine neue Gefahr droht: die Überschätzung der eigenen Möglichkeiten, nachdem das Unmögliche mehr und mehr Wirklichkeit geworden ist. Wieder scheint eine Erfahrung des Weges vergessen zu sein. Denn auf dem Weg hatte Israel mehrfach erfahren können, daß sein Überleben und Weiterkommen kein Ergebnis mutiger Entschlossenheit war, sondern unerwartetes und wunderbares Geschenk trotz eigener Unzulänglichkeit. Jetzt aber, erscheint dieser Weg im Rückblick so heldenhaft, das neu entdeckte und gewonnene Selbstwertgefühl so beglückend, daß man vor sich selbst auf die Knie fallen könnte.

Aus Schmuckstücken, Gegenständen, die den eigenen Wert vergrößern oder zur Schau stellen sollen, wird ein Stierbild gegossen, das die eigene Potenz und Stärke symbolisiert (32,3−4)[41]. Voller Begeisterung heißt es von dieser Potenz: »das ist dein Gott, der dich aus Ägypten herausgeführt hat!« (32,4). Doch wäre die Anbetung der eigenen Kraft nur ein neues »Ägypten«, das sie zur Leugnung und Abspaltung aller Schwächen und Grenzen zwingen würde. Das grandiose Selbstgefühl ist nur die ebenfalls neurotische Kehrseite der Depression. Kaum wurde darauf hingewiesen, daß nur Gott zum Leben führt, alle anderen Götter aber entfremden, gerät man erneut in die Gefahr, falschen Göttern zu opfern.

Ein gesundes Selbstbewußtsein und Selbstwertgefühl ist etwas anderes als die Verehrung der eigenen Potenz. Das grandiose Selbstgefühl ist und bleibt abhängig von Leistung und Bewunderung. Wo die Leistung nicht mehr erbracht werden kann oder die Bewunderung ausbleibt, bricht dieses Standbild zusammen. Ein gesundes Selbstbewußtsein dagegen weiß um eigene Schwächen und Schattenseiten, ohne deshalb die eigene Daseinsberechtigung in Frage zu stellen. Es weiß um Versagen und Scheitern, ohne deshalb Gelingen und Gewinnen für ausgeschlossen zu halten. Das gesunde Selbstbewußtsein weiß, daß die Selbstwerdung ein untrennbares Ineinander von Tun und Empfangen, von Säen und Reifen ist.

Selbstsicherheit und Geborgenheit können weder allein von anderen bezogen werden noch in der eigenen Potenz gefunden werden. »Ja, daß du dann nicht gar in deinem Herzen dächtest: meine eigene Kraft und die Stärke meiner Hand hat mir diesen Wohlstand verschafft! Gedenke vielmehr Jahwes, deines Gottes, daß er es ist, der dir Kraft verleiht« (Dtn 8,17f.). Auch hier gilt wieder: Nur wenn Gott das Zentrum bildet, kommt alles andere ins Lot, auch das Selbstbewußtsein kommt dann zwischen Depression und Grandiosität in die richtige Lage.

24. Das schaffe ich nie!

17 Als Mose sie nun aussandte, das Land Kanaan auszukund-
schaften, sprach er zu ihnen: »Ziehet hier durch das Südland
hinauf, ersteigt das Gebirge 18 und seht das Land an, wie es ist,
und die Bevölkerung, welche es bewohnt, ob stark oder schwach,
wenig oder zahlreich, 19 wie das Land ist, in dem sie wohnt, ob gut
oder schlecht, und wie die Städte angelegt sind, die sie bewohnt, ob
in der Art offener Lager oder fester Plätze, 20 auch wie es um den
Boden steht, ob fett oder mager, ob sich Baumwuchs darauf befindet
oder nicht. Nehmt alle Kraft zusammen, bringt auch einige von den
Früchten des Landes mit.«
Es war gerade die Zeit der ersten Weintrauben. 21 Da zogen sie
hinauf und erkundeten das Land von der Wüste Zin bis Rechob
beim Zugang nach Hamat. 22 Sie stiegen durch das Südland
hinauf und kamen bis Hebron, wo Achiman, Scheschai und Tal-
mai, die Nachkommen Enaks, lebten. [Hebron aber war sieben
Jahre vor Tanis in Ägypten erbaut worden.] 23 Als sie zum Tale
Eschkol gelangten, schnitten sie dort eine Rebe mit einer Wein-
traube ab, die sie zu zweien an einer Stange trugen, dazu auch
einige Granatäpfel und Feigen. 24 Jene Stätte aber nannte man
Eschkol, wegen der Traube, welche die Israeliten dort geschnitten
hatten.

Der Bericht der Kundschafter
25 Nach Verlauf von vierzig Tagen kehrten sie um, nachdem sie
das Land ausgekundschaftet hatten, 26 zogen heimwärts und
kamen zu Mose und Aaron und der ganzen Gemeinde der Israeliten
in die Wüste Paran nach Kadesch. Ihnen und der ganzen Ge-
meinde gaben sie Bericht, wobei sie ihnen die Früchte des Landes
zeigten.
27 Sie erzählten ihm und sagten: »Wir sind in das Land
hineingezogen, in das du uns gesandt hast. Es fließt wirklich von
Milch und Honig, und dies hier sind Proben von seinen Früchten.
28 Aber die Bevölkerung, die in dem Lande wohnt, ist stark, und die
Städte sind befestigt, dazu sehr groß, und auch die Nachkommen
Enaks sahen wir dort. 29 Amalekiter wohnen im Südland, die
Hethiter, Jebusiter und Amoriter siedeln auf dem Gebirge, die
Kanaaniter wohnen am Meere und am Ufer des Jordans.«
30 Da versuchte Kaleb auf die Stimmung des Volkes gegen Mose

beruhigend einzuwirken und sprach: »Unverzüglich wollen wir
hinaufziehen und es uns aneignen; denn wir können ganz gut
seiner Herr werden!« 31 Aber die Männer, welche mit ihm
hinaufgezogen waren, sprachen: »Wir sind nicht imstande, gegen
diese Bevölkerung hinaufzuziehen; denn sie ist stärker als wir.«
32 Und nun brachten sie den Israeliten gegenüber übles Gerede
über das Land vor, das sie erkundet hatten: »Das Land, das wir
durchzogen haben, um es auszukundschaften, ist ein Land, das
seine Bewohner verschlingt, und alle Leute, die wir darin sahen,
sind über alle Maßen groß. 33 Auch sahen wir dort die Riesen, die
Söhne Enaks aus dem Geschlechte der Riesen, und wir kamen uns
vor wie Heuschrecken, und genauso mußten wir ihnen vorkom-
men.«

Num 13,17—33

Nach so viel Auf und Ab, Geburtsvorgängen und Lektio-
nen, die doch eine stetige Entwicklung bedeuteten, liegt
das ersehnte und Gelobte Land eines Tages zum Greifen
nahe vor einem. Es muß jetzt nur noch angeeignet und
damit zum festen »Grund« gemacht werden. Denn genau
darin liegt die große Bedeutung, die dem »Landbesitz«
zukommt: einen Grund zu haben, der einen trägt; einen
Grund, in dessen Tiefe »Bodenschätze« lagern, die geho-
ben und gebraucht werden wollen; einen Grund, der wie
ein fruchtbarer Schoß ist und Leben hervorbringt.

Die Fruchtbarkeit des Bodens galt in den mythischen
Vorstellungen als Ergebnis der Heiligen Hochzeit von
Himmel und Erde, also als Ergebnis der Vereinigung von
Gegensätzen (Mann/Frau; oben/unten; himmlisch/ir-
disch; göttlich/menschlich usw.). Damit ist auch dieses
Motiv Niederschlag einer tiefen menschlichen Erfahrung.
Denn derartige Gegensätze kennen wir in der menschlichen Person. Schon mehrfach hatten wir auf dem Wege
feststellen müssen, daß es abgespaltene, verdrängte und
bekämpfte Anteile in der eigenen Person gibt, die integriert, also mit den anderen Anteilen verbunden werden
müssen. Dazu gehört z. B. der persönliche Schatten, der
alles Dunkle, Mangelhafte und Grobe an der eigenen

Person symbolisiert. Dazu gehört die Jungfrau als Bild all der gemüthaften und intuitiven Anteile der Person, die bisher nicht zum Leben kommen durften. Erst in der Integration, der Heiligen Hochzeit von Bewußtem und Unbewußtem, Verstand und Gefühl, Machen und Empfangen, Licht und Schatten kann die innere Zerrissenheit überwunden und das Selbst fruchtbar werden.

So melden denn auch die Kundschafter, daß auf der »Grundlage« des bisher gegangenen Weges das nun erreichte Land ein tragfähiger Boden von großer Weite und großer Fruchtbarkeit ist. Sie können sogar Beispiele dieser Fruchtbarkeit vorweisen. Doch während der Bericht der Kundschafter bei den einen begeisterte Aktivität auslöst, weckt er bei den anderen nur große Ängste. Während der eine Teil der Persönlichkeit inzwischen erstarkt ist und sich und dem Leben traut, ist ein anderer Teil offenbar nach wie vor von den alten Versagensängsten zu packen; ihm erscheint das Nahe von riesigen Mächten besetzt, denen er sich nicht gewachsen fühlt. Jetzt wird alles darauf ankommen, welcher Teil die Oberhand behält.

»Also die Analyse hat ja bisher wirklich viel gebracht. Dafür bin ich froh und dankbar. Ich hätte nie gedacht, daß so viel aus meinem Leben werden könnte, daß ich so kreativ sein kann und mich über Schuldgefühle hinwegsetzen kann. Aber jetzt, das Problem mit meiner Familie, das schaffe ich nicht! Meine Kinder und mein Mann, die wehren sich so gegen meine Veränderung. Die sind so stark, viel stärker als ich. Das packe ich nicht. Ich hätte nie gedacht, daß ich nochmal einen solchen Rückfall erleiden würde.« So empfand eine Patientin, als es in der Schlußphase der Therapie darum ging, das »Gelernte« und Erfahrene für den Alltag zu sichern. Riesenhaft erschienen ihr plötzlich wieder die Widerstände aus Familie und Alltag, so riesig und mächtig, daß sie nicht mehr glaubte, ihrer Herr werden zu können. Diese magische Grenze zwischen Therapie und Alltag, zwischen Entwicklung und Sicherung derselben, zwischen Weg und Landnahme ist eine letzte große Herausforderung, die im Grunde erneut Todesängste weckt. Israel ist an dieser Grenze erst einmal gescheitert. Erst ein weiterer Wüstenaufenthalt war dann ausreichend, das Land Stück für Stück zu erobern.

25. Bedenke, daß du sterben mußt

Die eherne Schlange
4 Vom Berge Hor zogen sie den Weg nach dem Meer von Suph weiter, um das Land Edom zu umgehen. Das Volk aber wurde der Wanderung überdrüssig. 5 Das Volk redete gegen Gott und Mose: »Warum habt ihr uns aus Ägypten herausgeführt, daß wir in der Wüste sterben? Denn kein Brot ist da, kein Wasser! Dieses minderwertige Brot widert uns an!«

6 Da ließ Jahwe die Feuerschlangen gegen das Volk los, die bissen das Volk, so daß viele Leute aus Israel starben. 7 Daraufhin kam das Volk zu Mose, und sie sprachen: »Wir haben gesündigt, daß wir gegen Jahwe und gegen dich redeten. Lege Fürsprache bei Jahwe ein, daß er die Schlangen von uns wende!« Mose legte denn Fürsprache für das Volk ein. 8 Und Jahwe antwortete Mose: »Fertige dir eine Feuerschlange an und befestige sie an einer Stange! Jeder aber, der gebissen ist und sie anschaut, soll am Leben bleiben.« 9 Mose verfertigte also eine eherne Schlange und brachte sie an der Stange an. Wenn nun die Schlangen einen gebissen hatten und dieser dann auf die eherne Schlange hinblickte, so blieb er am Leben.

Num 21,4–9

Jede Selbsterkenntnis wäre bruchstückhaft und damit letztlich auch wieder Selbsttäuschung, wenn sie nicht auch zur Erkenntnis der eigenen Nichtigkeit führen würde. Denn Heranführung an die Realität ist auch Heranführung an die Realität, daß die eigene Existenz zufällig, nicht notwendig und eines Tages unweigerlich zu Ende ist, ohne daß der Lauf der Welt davon sonderlich berührt würde. Alle Bemühungen, dem eigenen Leben durch Kinder oder Werke Bedeutung und Ewigkeit zu verleihen, sind Versuche, die erschreckende Realität zu verbrämen und sich Unsterblichkeit zu verschaffen. Die Erfahrung des existentiellen Dilemmas, auf der einen

Seite zwar ein einmaliges, herrliches, die Natur überragendes Individuum zu sein, auf der anderen Seite aber nichts anderes als eine Masse aus Fleisch, Blut und Knochen zu sein, anfällig, verwundbar und verweslich, diese Erfahrung ist offenbar so entsetzlich, daß der Mensch sich ihr nicht stellen mag. Schon die biblische Schöpfungserzählung hat dieses existentielle Dilemma zum Ausdruck gebracht, indem sie den Menschen als »zweiteiliges« Wesen beschreibt: aus Dreck und dem Lebensatem Gottes bestehend (Gen 2,7). Sie hat ebenfalls beschrieben, wie aus dem existentiellen Dilemma ein existentielles Drama wird, eine zunehmende Entfremdung des Menschen von sich selbst, von den anderen und von der ihn umgebenden Natur, wenn er ohne einen Halt (in Gott) den Blick in den Abgrund der eigenen Nicht-Notwendigkeit und Sterblichkeit wagt und schließlich aus Entsetzen und Angst versuchen muß, sich selber Halt und Geborgenheit zu verschaffen (Gen 3–11)[42]. Die Erfahrung der eigenen Zufälligkeit und Endlichkeit ist wie der tödliche Biß der Feuerschlange (= Drachen = Todessymbol), der alles vergiftet (21,6). Das Entsetzen über diese Erfahrung ist universell und offenbar so stark, daß sie nicht ständig im Bewußtsein gehalten werden kann, sondern als verdrängte Erfahrung um so mehr die Lebensgestaltung beeinflußt. Die ganzen angestrengten Versuche, Halt, Geborgenheit und Daseinsberechtigung durch andere Menschen, eigene Leistung, materielle Sicherheit, Machtausübung und Genußsucht zu finden, sind nichts anderes als verzweifelte Versuche, der Tatsache des existentiellen Dilemmas auszuweichen. Eine derartige Lebensgestaltung ist eine einzige Lebenslüge, im psychologischen Jargon eine Neurose, im theologischen Jargon eine Sünde, in jedem Fall aber mangelnde Identität und eine daraus folgende Deformierung des Lebens. »Das Ironische an der Lebensbeschränkung der Neurose liegt in der Tatsache, daß der Neurotiker zwar dem Tode ausweichen will, dabei aber gleichzeitig einen derart großen Teil seines Selbst und einen so gewaltigen Sektor seiner Aktionswelt abtötet, daß er sich in Wirklichkeit selber Beschränkungen auferlegt: daß er selbst so gut wie gestorben ist.«[43] Eine endgültige Heilung kann daher nur erfolgen, wenn es gelingt, den Menschen auch mit der Wahrheit der eigenen Endlichkeit zu versöhnen. Überleben können nur die, die den Blick auf dieses eherne Gesetz der Wirklichkeit, auf die eherne Todesschlange, richten und dieser Realität nicht ausweichen (21,8 f.). Oder wie S. Freud einmal geschrieben hat: »Wenn du das Leben aushalten willst, richte dich auf den Tod ein.«[44] In Kursen mit Krankenpflegepersonal hat mich immer wieder erstaunt, wie sehr auch diese Menschen, die doch tagtäglich mit der Erbärmlichkeit und Endlichkeit des Menschen konfrontiert sind, die eigene Sterblichkeit aus dem Blick verdrängen wollten. Darüber wollten sie nicht nachdenken, so wurde mir häufig geantwortet. Ich habe immer mehr den Eindruck bestätigt gefunden, daß die Angst vor dem Tod nicht so sehr in der Angst vor den damit verbundenen Schmerzen besteht, oder in der Angst, ob etwas nach dem Tode kommt, noch nicht einmal in der Angst vor dem Schmerz des Abschieds und der Trennung, sondern vielmehr in der Angst, angesichts des Todes im Rückblick das eigene Leben als sinnlos und glücklos empfinden zu müssen. Es ist die durchaus berechtigte Angst, im Angesicht des Todes erkennen zu müssen, das eigene Leben verfehlt zu haben. Deshalb wollen Menschen nicht daran denken, daß sie schon heute oder morgen sterben könnten. Sie versuchen, den Tod verdrängend, dem Leben wenigstens ein bißchen Glück abzutrotzen. Deshalb unternehmen sie es, das Glück durch andere Menschen, durch eigene Leistungskraft oder durch materielle Werte zu erreichen. Sie begeben sich dadurch in eine verteufelte Abhängigkeit, womit sich der Kreis wieder in den »ägyptischen Verhältnissen« schließt. Kern jeder Abhängigkeit ist also das

Entsetzen über das existentielle Dilemma, das Halt suchen läßt, wo kein Halt zu finden ist.

»Erst die Forschung der modernen Psychoanalyse hat uns enthüllt, was Dichter und religiöse Genies längst erkannt hatten: Daß unser Charakterpanzer so lebensnotwendig war, daß, wollten wir ihn ablegen, wir damit den Tod oder den Wahnsinn riskierten. Die Schlußfolgerung ist nicht schwer: Wenn Charakter ein neurotischer Panzer gegen Verzweiflung ist und man ihn dann ablegt, öffnet man der Verzweiflung, der Erkenntnis der menschlichen Situation, also eben dem, wovor sich die Menschen wahrhaft fürchten, wogegen sie ankämpfen, wohin es sie treibt und wovon es sie wegtreibt, Tür und Tor. Freud hat dies unvergleichlich prägnant zusammengefaßt, als er schrieb, die Psychoanalyse kuriere die neurotische Misere, um den Patienten in die allgemeine Misere des Lebens einzuführen. Die Neurose ist also nichts als ein anderes Wort, um damit eine komplizierte Methode, der Misere auszuweichen, zu beschreiben. Darum haben auch seit Urzeiten die Weisen unserer Welt darauf bestanden, daß der Mensch, um die Wirklichkeit erkennen zu können, sterben und wiedergeboren werden müsse.«[45] Wenn dazu erst so viel Panzerung durchbrochen werden muß, ist es kein Wunder, daß die Todesschlange erst ziemlich am Ende des Weges in den Blick gerät, daß aber diesen Blick auszuhalten zur letzten Voraussetzung wird, das ersehnte Land endlich zu erhalten. Israels Exodus-Erfahrung, daß nur der Halt in Gott davor bewahrt, in eine sklavische und tödliche Abhängigkeit zu geraten, gewinnt in dieser Erfahrung ihren tragenden Grund, ein Land, in dem es sich leben läßt. Es wird die Hoffnung wachsen, daß das Senfkorn mächtig fruchtbar wird, das vorher in Erde stirbt.

26. Ein Land, wo Milch und Honig fließt

35 Du hast es erleben dürfen, damit du erkennen solltest, daß Jahwe der wahre Gott ist, kein anderer außer ihm. 36 Vom Himmel her ließ er dich seine Stimme vernehmen, um dich zu unterweisen, und auf Erden ließ er dich sein gewaltiges Feuer schauen, mitten aus dem Feuer heraus hörtest du seine Worte 37 und bliebst doch am Leben; denn er liebte deine Väter und erwählte ihre Nachkommen nach ihnen. Er führte dich in eigener Person durch seine große Kraft aus Ägypten heraus, 38 um Nationen, größer und stärker als du, vor dir zu vertreiben, um dich hineinzubringen, um dir ihr Land zum Erbbesitz zu geben, wie (es) heute (der Fall) ist.

39 So erkenne heute und nimm dir zu Herzen, daß Jahwe der (wahre) Gott im Himmel droben und drunten auf Erden ist, sonst keiner! 40 Beobachte seine Bestimmungen und Gebote, welche ich dir heute anbefehle, auf daß es dir und deinen Kindern nach dir wohl ergehe und du recht lange Zeit auf dem Boden bleibest, den Jahwe, dein Gott, dir für alle Zeiten geben will!

Dt 4,35–40

43 Und er führte sein Volk heraus unter Jubel, / seine Auserwählten unter Frohlocken.

44 Und gab ihnen die Länder der Heiden, / und sie nahmen sich die Schätze der Völker;

45 Auf daß sie hielten seine Gesetze / und achteten sein Gebot.

Ps 105,43–45

Wir haben einen langwierigen und mühsamen Weg mitverfolgt, der in vielen harten Schritten aus einer unerträglichen Gefangenschaft, in der das Selbst und die eigene Identität nicht wachsen und erstarken durften, in die Freiheit des Daseindürfens führte. Wir haben miterlebt, daß diese Entwicklung bis zum Schluß immer wieder gefährdet war. Wir haben mitbekommen, wieviel Angst dabei freigesetzt wurde und überwunden werden mußte.

Wir haben gespürt, wie schwierig, aber auch wie notwendig es ist, diesen Weg zu gehen. Zu Recht können wir bei diesem Weg von einer neuen Geburt, einem Sterben und Auferstehen und von einer Neuschöpfung sprechen. Jetzt ist das Land erreicht. Aus dem Fortgang der biblischen Geschichte wissen wir, daß der Besitz dieses Landes so schnell nicht endgültig ist, daß er vielmehr immer wieder von anderen Mächten streitig gemacht wird und wieder verlorengehen kann. Aber wir wissen auch, daß dieses Land als Ziel und Heimat zugedacht ist und alle Bewegung immer wieder in Richtung auf dieses Land geht.

Als Land, wo Milch und Honig fließt, war es in Aussicht gestellt worden. Als Land von großer Weite und großer Fruchtbarkeit war es erkundet worden. Dieses Land symbolisiert die Alternative zum angstgetriebenen Versuch, dem existentiellen Dilemma auszuweichen und dabei in ein existentielles Drama zu geraten. Im Land kann der Mensch seine eigene Identität leben, zu der auch seine Endlichkeit gehört, ohne die Berechtigung dazu erbetteln oder verdienen zu müssen. Das Land versinnbildlicht die gleiche Grunderfahrung und Daseinsweise, die Jesus mit dem Begriff der Gottesherrschaft umschreibt, in der so radikale Veränderungen geschehen wie die, daß Blinde wieder sehen, Lahme wieder gehen können, Gefangene in die Freiheit geführt werden, Trauernde Trost und Hungernde Brot finden, Zerschlagene und Gebrochene wieder aufgerichtet werden und Tote neu zum Leben kommen. Diese Veränderungen sind keine widernatürlichen Mirakel, wohl aber wunderbare, weil beglückende und geschenkhafte Erfahrungen. Was diese gewaltigen Veränderungen bewirkt, was so heil macht, sind die Erfahrungen des Weges, die immer als Wunder und Geschenk erlebt werden. »ER führte sein Volk hinaus, ER gab ihnen das Land« (Ps 105,43 f.)! Es ist deshalb wichtig, noch einmal diese Erfahrungen zu resümieren, um die Veränderung zu verstehen und das, was bisher mehr in allgemein menschlichen und psychologischen Kategorien beschrieben wurde, in seiner davon nicht zu trennenden religiösen Dimension zu erkennen.

Das Grundproblem selbst ist von elementar religiöser Art. Denn es geht darum, die Kontingenzerfahrung, die Erfahrung der Zufälligkeit und Endlichkeit, nicht nur auszuhalten, sondern sie als Grundbestandteil der eigenen Identität zu akzeptieren. Jedes Leugnen und Ignorieren der Kontingenz ist schon in der Wurzel Lebenslüge und Verfehlen der Identität. Die Folgen sind fatal: Das angstgetriebene Leugnen dieser Wirklichkeit führt unter der Herrschaft dieser Angst in qualvolle Abhängigkeiten, die eigentlich Leben vermitteln und vor der Kontingenz schützen sollen, in Wahrheit aber das Leben verhindern und es gerade so unter das Vorzeichen des Todes bringen. Alles, was im Leben eines Menschen absolute Bedeutung gewinnt, um ihn selbst zur Bedeutsamkeit zu erheben, beseitigt zwar im Augenblick die Angst vor der Sinn- und Glücklosigkeit, erweist sich aber auf Dauer als knechtende Macht, die die Selbstentfaltung und das Fruchtbarwerden des eigenen Lebens verhindert. Die rettende und heilsame Erfahrung des Glaubens sagt, daß nichts, was selber endlich ist, von absoluter Bedeutung sein kann, daß vielmehr nur das Absolute und Unendliche selbst, nämlich Gott, diese Bedeutung gewinnen kann, ohne daß der Mensch dabei untergeht, sondern im Gegenteil von daher erst selber zur Entfaltung kommt. Diese Einsicht ist allerdings kein Ergebnis intellektueller Auseinandersetzung, sondern eine Lebensweisheit, die erst aus dem Erleben dieser Wahrheit heraus formuliert werden kann. »Du hast es erleben dürfen, damit du erkennst, daß Jahwe der wahre Gott ist, kein anderer außer ihm« (Dt 4,35)! Erst aus der Erfahrung heraus kann das Bekenntnis »unser Gott befreit« gesprochen werden, diese Erfahrung wiederum ist erst über die Mühen des Weges möglich. Sie gründet in der Erfahrung der absoluten Verläßlichkeit und Treue des Beistands (Jahwe). Erst diese Sicherheit schafft die Voraussetzung für das Vertrauen in die eigene Daseinsberechtigung und damit auch für das Vertrauen, sich selbst mit seiner Endlichkeit – dazu gehören auch die Fehler, Schattenseiten und Irrwege – leben zu dürfen, ohne daß einem die Endlichkeit zum Vorwurf gemacht wird. Durch dieses Grundvertrauen erübrigen sich dann alle angstgetriebenen Versuche, die Endlichkeit leugnen und übersteigen zu müssen und sich von außen Bedeutung und Berechtigung verleihen zu lassen. »Ich habe dich bei deinem Namen gerufen, du gehörst zu mir« (Jes 43,1)! Dieses existentielle Wissen, in seinem So-Sein nicht nur unter der Voraussetzung, ein anderer zu werden, geduldet, sondern gewollt und bejaht zu sein, ist Grund, sich selbst mit seinem So-Sein versöhnen und annehmen zu können.

Aus der gleichen Erfahrung kommt auch Jesu kategorisches »Gott allein!« (Mt 34,8), das niemandem und nichts autoritative Bedeutung zukommen läßt, außer Gott selbst. Es macht ihn zu einem freien Menschen, unabhängig vom Wohlwollen und von der Anerkennung der anderen. Es macht ihn frei, sich selbst zu leben und daraus erwachsende Isolation und Spannung auszuhalten. Jesu Gotteserfahrung »Du bist mein Sohn; Geliebter, an dir habe ich Gefallen« (Mk 1,11) wird ihm zum Anlaß, alle zum Vertrauen auf die absolute, d. h. aller Leistung und allem Verdienst vorgängige und unverlierbare Liebe Gottes zu ermuntern. Die so wenig beachteten dreißig Jahre vor diesem öffentlichen Wirken, was sollen sie anders sein als die Zeit des mühsamen und langwierigen Weges zu sich selbst, zur eigenen Identität und Freiheit des So-Seins bis hin zu dieser befreienden Gotteserfahrung?

In unmittelbarem Zusammenhang mit der Erfahrung des existentiellen Dilemmas und seiner Verarbeitung steht auch die zweite wichtige Erfahrung, die Erfahrung des paradoxen Lebensprinzips: Leben ist Sterben und

Sterben ist Leben. Das Entsetzen vor der Vergänglichkeit ist ja auch dafür verantwortlich, daß ein Mensch sich nicht fallen lassen kann, sondern verzweifelt versucht, alles in den Griff zu bekommen und zu beherrschen. Das ausschließliche Setzen auf die Kräfte des Verstandes und des Willens ist Ausdruck des Bemühens, sich gegen das Unkontrollierbare abzusichern. Obwohl doch gerade das Leben gesucht wird, wirkt die Lebendigkeit des Lebens bedrohlich. So kommt es zum neurotischen Paradox, daß ausgerechnet der Wunsch, sich das Leben zu sichern, in einer angstverzerrten Strategie dazu führt, sich dem Leben zu verschließen. Das Beständige, Feste und Kontrollierbare ist in sich gleichzeitig das Starre, Verhärtete und Tote. Das neurotische Paradox bestimmt auch die »ägyptischen Verhältnisse«: was das Leben sichern sollte, verhindert das Leben. Auf dem Wege kommt es dann zur heilsamen Erfahrung eines anderen Paradoxon: Sterben ist Gewinn. Der Zusammenbruch der rationalen, voluntaristischen Einstellung führt nicht zum gefürchteten Untergang, sondern eröffnet im Gegenteil eine neue Dimension von Leben, die bereichernd und weiterführend wirkt. Jede Entwicklung, jeder Fortschritt ist in sich schon Sterben und Neuwerden, da sie bedeuten, daß bisherige Wichtigkeiten, Einstellungen und Verhaltensweisen vergehen und andere an deren Stelle treten. Solche Sterbeerfahrungen ereignen sich besonders an markanten Übergangspunkten unserer menschlichen Lebensentwicklung, wie z. B. beim Übergang vom Säuglings- zum Kleinkindalter, beim Eintritt ins Schulalter, während der Pubertät, beim Übergang vom Einzeldasein zur Partnerschaft und noch bei vielen anderen Lebensabschnitten. Wo die dort geweckte Angst vor der Veränderung beherrschend wird, kommt es zum neurotischen Paradox. Wo es aber gelingt, über diese Erfahrungen das Sterben und Vergehen zu bejahen, da wird gerade dieses bejahte Sterben zur Grundlage neuen Lebens. Denn immer muß etwas Altes vergehen, damit Neues werden kann. Sich so aus der Hand zu geben und fallen zu lassen, gehört sicher zu den schwierigsten Abenteuern des Weges. Dies gelingt – wie wir gesehen haben – ja auch weniger als mutiger Entschluß, sondern vielmehr als Notwendigkeit. Aber dieses Paradox zu erkennen und zu bejahen, diese Zustimmung und von daher Übereinstimmung mit der Lebenswirklichkeit, verwandeln den Verlust zum Gewinn und das Sterben zum Auferstehen.

Auch diese Erfahrung finden wir als prägendes Moment in der Lebensgestaltung Jesu. Ihre auffälligste Äußerung ist Jesu Erfahrungsaussage, daß nur der sein Leben finden und gewinnen kann, der es verliert (Mk 8,35 par.). Den nach der Lebenswahrheit suchenden Ratsherrn Nikodemus weist er darauf hin, daß nur der die Gottesherrschaft erleben wird, der neugeboren wird (Joh 3,3). Alle diese Worte stammen aus der Selbsterfahrung Jesu. Das macht sie so überzeugend. Vor allem auch deshalb, weil in seinem Leben die Früchte dieser Erfahrung zu erkennen sind: etwa in der großen Offenheit gegenüber allen Entfaltungen des Lebens. Er sucht keine Sicherheit vor Veränderung, Bewegung und Freiheit. Er kann sich dem Leben, dem Lernen, dem Wandel und den Menschen aussetzen ohne die Angst, sich oder seine Sicherheit dabei zu verlieren. So kann er sogar Angst aushalten und durchstehen, ohne daß er sie verdrängen muß und ohne daß sie Herrschaft über ihn gewinnt (Lk 12,50; Mk 14,34f. par.). Die Grunderfahrung der paradoxen Lebensweisheit spiegelt sich vor allem auch in seiner nüchternen Einstellung zum Tod. Es ist auffallend, daß der Tod und die Möglichkeit seiner Überwindung – nach der traditionellen Theologie fast das Hauptziel der Erlösung – in der Verkündigung Jesu kaum eine Rolle spielen. Jesus sieht und akzeptiert den Tod als Bestandteil der menschlichen Lebenswirklichkeit (Mk 10,33 par.). Die Gefahr eines drohenden gewaltsamen Todes kann ihn nicht schrecken.

Die gleiche Gelassenheit empfiehlt er auch seinen Freunden (Mt 10,28ff. par.). Aus seiner Erfahrung heraus weiß er, daß Gott dem Menschen absolut gut ist und daß dieses Gutsein Gottes im Tod nicht endet (Mk 12,26f. par.). Das genügt ihm, er braucht keine weiteren Jenseitsspekulationen. So sind ihm schließlich »die Wehen des Todes« zu »Wehen des Lebens« geworden (Apg 2,24).

Diese paradoxe Lebensweisheit ist wiederum eng verbunden mit einer weiteren Erfahrung: der Weg zum Selbst und zum Leben ist identisch mit einer Bewegung von außen nach innen. Das Entsetzen über die Kontingenzerfahrung ließ Halt suchen an Gegebenheiten, die außerhalb der eigenen Person liegen, an anderen Menschen etwa oder an Besitztümern. Jede Verbesserung einer unzufriedenen Lage wird deshalb zunächst durch eine Veränderung der äußeren Gegebenheiten versucht. Erst allmählich wird deutlich, daß das Defizit in der eigenen un- bzw. unterentwickelten Persönlichkeit liegt. Diese Bewegung von außen nach innen setzt sich fort in einer weiteren Bewegung, die Abstand nehmen läßt von verstandeseinseitigen Bewältigungsversuchen und das reiche Innenleben des Unbewußten und Gemüthaften entdeckt. Die Wegerfahrung besteht darin, daß ausgerechnet dieser Bereich, dem man gar nicht zutraute, sinn-voll zu sein, voller Sinn steckt und die empfundenen Lebensprobleme bewältigen kann. Die Bewußtmachung des Unbewußten und Gemüthaften und das Befolgen ihrer Weisung bringt die entscheidende Aufarbeitung der defizitären Persönlichkeit. In der Tiefe der eigenen Persönlichkeit kann ein Halt entdeckt werden, der von ängstlicher Anklammerung und Außensteuerung freimacht. Diese Bewegung von außen nach innen ist zugleich eine Bewegung vom Peripheren zum Wesentlichen, indem sie die Wirkungslosigkeit der bisherigen Glücksbringer aufdeckt und Glücks-Ersatz als solchen entlarvt. Solche Innerlichkeit ist nicht Rückzug aus der Wirklichkeit, der sich dem Leben und seinen Aufgaben verweigert, sondern eine Konzentration, um angemessen mit der Wirklichkeit umgehen zu können. Ich bin überzeugt, daß eine Veränderung der Welt einen veränderten Menschen voraussetzt und der Mensch selbst nicht allein durch äußere strukturelle Änderungen verändert werden kann, sondern nur durch den Weg zu sich selbst. Zwar ist heute deutlich, daß der prägende Einfluß der äußeren Bedingungen nicht mit der Kindheit endet und folglich auch strukturelle Veränderungen positiv wirken können. Aber was ursprünglich »als verbunden angesehen war, nämlich die Selbstveränderung und das Verändern der Verhältnisse, scheint heute in der Gefahr zu stehen, auseinanderzugeraten und sich in einen ethischen Aktionismus zu vereinseitigen, der lediglich von der Veränderung des Bestehenden schon ein Höchstmaß an Glück erhofft«[46]. Deshalb denke ich, daß beispielsweise nur der nach außen Frieden leben kann, der durch die Selbstwerdung in sich befriedet ist. Diese Überzeugung steht keinesfalls gegen politisches Engagement. Der Weg zu sich selbst ist schon allein durch seine herrschaftskritischen Anteile eminent politisch, und freie Menschen bleiben zu allen Zeiten für die Mächtigen eine Gefahr. Zudem verbietet uns z. B. der Hunger- oder Foltertod nur einiger Weniger, allein auf die innere Veränderung der dafür Verantwortlichen zu setzen. So ist es unverzichtbar, ja unbedingt notwendig, gegen alle ungerechten und zerstörerischen Strukturen und Praktiken anzukämpfen. Gleichzeitig ist es aber notwendig, Strukturen wie auch Praktiken als Symptome zu begreifen, deren Ursachen tiefer liegen. Daß Symptombekämpfung ohne Ursachenforschung und -behebung sinnlos ist, dämmert inzwischen sogar Medizinern. Darum meine ich, daß alle Versuche, die Welt nur über strukturelle Veränderungen zu verwandeln, Illusionen eines rational-voluntaristischen Welt- und Menschenbildes sind, die nicht berücksichtigen, wie sehr menschliches Verhalten und Erleben von innerpersonellen Vorgängen abhängig ist, die den normalen und bewußten Gesetzen der Logik nicht folgen. Die Veränderung der strukturellen Verhältnisse und die Veränderung des einzelnen bedingen einander. Strukturen können die Selbstwerdung behindern oder fördern, und umgekehrt wird der Grad der eigenen Entwicklung Strukturen festigen oder aufbrechen.

Auch diese Erfahrung der Bewegung von außen nach innen spiegelt sich in der Lebensweise Jesu wieder. So weist er darauf hin, daß ein unverdorbenes Herz, wie es Kinder mit ihrem spontanen Zugang zu Gefühlen und zur Bilderwelt des eigenen Innenlebens noch haben, für die Gotteserkenntnis und die Erkenntnis des richtigen Handelns aufschlußgebender und ausschlaggebender ist, als der vermeintlich so kluge Verstand (Mk 10,15 par.; Mt 5,8; Mt 11,25 ff. par.). Er selbst sucht immer wieder die Wüste, die Einsamkeit und die Stille auf, um in sich hineinzuhorchen und aus den vielen Stimmen die Stimme Gottes herauszuhören. Er empfiehlt die Bekehrung der Herzen und zeigt durch seine Lebensweise gleichzeitig, wie sehr ein bekehrtes Herz wie das seine den religiösen und politischen Führern zum Anstoß und zur Gefahr wird. Die Gottesherrschaft ist für Jesus eine innere Wirklichkeit (Lk 17,21), die den gesamten Lebensvollzug durchwirkt wie ein Stück Sauerteig (Lk 13,21 par.). So ist auch seine Sprache Ausweis eines guten Kontaktes zur eigenen Innenwelt, denn sie ist nie trocken abstrakt wie theologische Traktate, sondern bilderreich und überzeugend, so daß seine Redeweise die Leute erstaunt und beeindruckt (Mt 7,28 f.). Die Konzentration auf das Wesentliche gipfelt in der Ermutigung, die Gottesherrschaft zu suchen, alles andere käme dann von selbst dazu (Lk 12,29–31 par.). Dies hat er in seiner Bewegung von außen nach innen selbst erfahren.

Eine letzte Erfahrung schließlich, die ich im Resümee noch einmal aufgreifen möchte, ist die Erfahrung der

Zielgerichtetheit der Entwicklung, die Erfahrung des »roten Fadens«. Es gehört sicherlich auch zu den Auswirkungen des Entsetzens über das existentielle Dilemma, daß der Mensch unter den Druck gerät, perfekt sein zu wollen und zu müssen, und deshalb um so mehr an der eigenen Fehlerhaftigkeit und Unfertigkeit leidet. Betrachtet man die eigene Entwicklung im Rückblick, so ist sie ein Weg voller Fehler und Irrtümer, voller Versagen und Schwäche. Doch gerade im Rückblick wird auch deutlich, daß keine einzige dieser Stationen zu vermeiden war, sondern mit ihrem Versagen und Irren geradezu notwendig war, um zur Wahrheit und zum Richtigen hinzufinden. Es ist so, als ob eins zum anderen kommen mußte, damit aus diesem Leben etwas werden konnte, als ob alles einem äußerst sinnvollen »roten Faden« folgt, den es zu erkennen und zu beachten gilt. Es gibt offenbar ein ganz persönliches Schicksal, das nicht in aufgezwungenen Zumutungen besteht, sondern in zu entdeckenden und zu lebenden Antworten auf die Gegebenheiten des eigenen Lebensweges. So wird das Ziel, die Individualität, schon im Wege deutlich, der ein ganz individueller ist und sein muß, die Fehler und Irrtümer eingeschlossen. Zu diesem Weg können einen keine Moral und keine Autorität ermächtigen, sondern nur eine allem vorgängige und unverlierbare Liebe von absoluter Geltung. Diese Erfahrung der Gnade, der Gratis-Liebe, berechtigt zum individuellen Lebensweg, bei dem nicht mehr der Druck, die eigene Endlichkeit übersteigen zu müssen, zur Überforderung wird, sondern das Unterwegssein selbst zum Ziel wird und Umwege und Irrwege bejahen läßt im Vertrauen und in der Freude über die Schätze, die es überall zu entdecken und zu gewinnen gibt. So gipfelt die Erfahrung des Weges schließlich darin, von Gott auf diesen individuellen Weg gerufen und von IHM auf diesem Weg begleitet zu sein.

Auch diese Erfahrung prägt die Lebensweise Jesu. Sie zeigt sich vor allem in seinem neuartigen Umgang mit den

Fehlern der anderen. »Er versteht sich nicht als Richter, sondern als Arzt. Ein Arzt will heilen, nicht bestrafen... Mit Gerichtsmethoden ist hier nichts zu heilen. ›Gerechte Gewalt‹ kann zwar den Verbrecher von Untaten abschrekken, aber nicht verwandeln. Ein Mensch, der haßt, aber aus Angst vor der Polizei nicht mordet, ist doch kein Nichtmörder. Wer grundsätzlich nach seinem Eigeninteresse statt nach der Intention Gottes fragt, aber aus Angst vor der Hölle die Gebote erfüllt, ist doch kein Gottliebender. Die Heilung des sich selbst verschließenden Menschen ist nur von innen her möglich durch freie Selbsterschließung... Niemand, auch Gott nicht, kann diese unerläßliche Eigenbewegung des Menschenherzens ›machen‹ oder ersetzen. Darum geht das ganze ›ärztliche Bemühen‹ Jesu um den Sünder darauf aus, seine Eigenbewegung, und das heißt: seine Liebe, anzuregen... Unverdiente Liebe ist aber die einzige Möglichkeit, Sünder von innen her zu heilen... So wie die Sonne durch ihre umsonst geschenkte Wärme die Knospen verlockt, sich zu erschließen.«[47] So mit der Fehlerhaftigkeit der anderen umgehen, kann nur, wer die eigene Fehlerhaftigkeit und Entwicklungsnotwendigkeit bejaht (Jesus will die Taufe zur Vergebung der Sünden empfangen! Mk 1,9 par.) und selber aus der Erfahrung grenzenloser Liebe lebt.

27. Der Gott, der Leben schafft

13 Ich bin Jahwe, euer Gott, der euch aus Ägypten herausgeführt hat, damit ihr nicht länger ihre Sklaven wäret. Ich zerbrach die Stangen eures Joches und ließ euch aufrecht gehen.

Lev 26,13

5 Und der auf dem Throne saß, sprach: »Siehe, ich mache alles neu.« Und er spricht: »Schreibe: Diese Worte sind zuverlässig und wahr.«

Offb 21,5

9 Ihr aber seid ein auserwähltes Geschlecht, eine königliche Priesterschaft, ein heiliger Stamm, ein zu eigen erworbenes Volk, auf daß ihr die Großtaten dessen verkündet, der euch aus der Finsternis berufen hat in sein wunderbares Licht. 10 Die einst Nichtvolk waren, sind nun Gottesvolk; die kein Erbarmen fanden, haben nun Erbarmen gefunden.

1 Petr 2,9f.

Wir haben versucht, noch einmal die wichtigsten Erfahrungen des Weges zusammenzufassen und sie mit der Erfahrung Jesu zu vergleichen. Doch die alles umfassende und alles erst ermöglichende Grunderfahrung wurde darin nur angedeutet. In der jüdischen Tradition wird sie als Bekenntnis formuliert: unser Gott befreit! Es ist *die* Erfahrung, die allen anderen zugrundeliegt und gleichsam als Quintessenz aller Exodus-Erfahrung angesehen werden muß. Unser Gott befreit – das ist keine dogmatische Formulierung, entstanden in theologischen Gelehrtenzirkeln, sondern vielmehr jubelndes Hinausschreien einer Lebenserfahrung, die von ganz einfachen Menschen gemacht wurde. Sie, die sich bislang allen möglichen Mächten und Mächtigen unterworfen hatten, um Leben zu erhalten, in Wahrheit dafür aber das eigene Leben opferten, haben erlebt, daß sie sich an diesen Gott vertrauensvoll binden können, ohne in eine knechtende Abhängigkeit zu geraten. Sie haben erlebt, daß das Hören auf seine Stimme nicht Untertanenmentalität erfordert, sondern im Gegenteil zur Selbsthabe und zur Selbstverwirklichung führt.

Verglichen mit den Erfahrungen, die eine Großzahl mit der christlichen Religion gemacht haben, muß dieses Bekenntnis wie Hohn wirken. War der Gott des Christentums für sie doch keineswegs eine heilende Macht, die sie von Angst befreite, sondern selber die Ursache vieler Ängste. Sie haben ihn auch niemals als ihrer persönlichen Selbstentfaltung dienlich erlebt, sondern im Gegenteil als Gegner jeder Selbstentfaltung, der Unterwerfung fordert, die er dann zu belohnen verspricht. Kurzum: der Gott unserer traditionellen christlichen Erziehung trägt alle Merkmale eines ägyptischen Pharao, und das entsprechende christliche Lebensgefühl unterscheidet sich nicht von den ägyptischen Verhältnissen. Gott erscheint als Herrscher, der über Tod oder Leben, Glück oder Unglück nach gänzlich undurchschaubaren Kriterien entscheidet. So ist der eigene Lebensvollzug davon geprägt, ihn für sich zu gewinnen und durch Erfüllung seiner vermutlichen oder durch die Amtskirche definierten Erwartungen sein Wohlwollen zu erhalten. Selbstverständlich traut man in der eigenen Sklavenmentalität diesem Gott auch zu, daß er schlägt, um durch Leid und Prüfung den Menschen zu beugen und zu erziehen. Es ist erstaunlich, daß sogar in unserer sich so aufgeklärt gebenden Zeit ein Virus wie Aids hysterische Reaktionen auslösen und archaische Ängste vor einer rächenden und strafenden Schicksalsmacht wecken kann. Jedenfalls ist Angst im traditionellen christlichen Lebensgefühl ein konstitutives Element, das den gesamten religiösen Vollzug mehr oder weniger deutlich und bewußt durchwirkt. Es ist letztendlich der vorägyptische Hunger nach Zuwendung, Anerkennung und Leben mit der entsprechend gekoppelten Angst vor Verwerfung, Ablehnung und Untergang, der auch den christlichen Glauben zu ägyptischen Verhältnissen verkommen ließ, in denen Aufseher und Fronvögte im Namen eines pharaonischen Gottes das Eigene, das Selbst nicht wachsen und erstarken lassen, wobei die Aufseher selbst auch nichts anderes als angstvolle Untertanen sind, deren Angst mit der Größe der ihnen übertragenen Verantwortung und jedem Erstarken der ihnen Untergebenen offenbar steigt. Selbstredend, daß der Gott, der von ihnen vertreten wird, ein Gott der Ordnung und der Stabilität ist, der vorwiegend als moralische Instanz begegnet, die festlegt, was gut und böse ist, so einfach wie man schwarz und weiß unterscheiden kann. Tilman Moser hat in seinem Buch »Gottesvergiftung« in einer leidenschaftlichen Abrechnung mit dem Gott seiner Kindheit eindrucksvoll wiedergegeben, wie sehr ein solcher Pharaonengott in einer Verstrickung aus Angst, Schuldgefühlen und Selbsthaß das eigene Leben bis in alle Bereiche hinein vergiftet[48].

Kein Wunder, daß viele ihre einzige Rettung darin sehen, sich von diesem Gott zu befreien, da sie niemals von ihm zu einem erfüllten Leben befreit worden waren. Der so oft von der Kirchenleitung beklagte Konflikt zwischen Emanzipation und Glaube entsteht nicht, weil Emanzipation als solche schlecht oder grundsätzlich gegen eine religiöse Verankerung des Menschen angelegt wäre, sondern weil jede heilsame Emanzipation zwangsläufig mit jenem Pharaonengott in Konflikt gerät. Sie muß sich im wahrsten Sinne des Wortes notwendigerweise von ihm, seinen Aufsehern und einer aus ägyptischen Verhältnissen geprägten Religion befreien. Denn es gibt keinen Kompromiß zwischen Israel und dem Pharao, keinen Kompromiß zwischen Selbstwerdung und Fremdbestimmung, sondern nur ein Entweder-Oder, auch wenn zwischen Ausgang und Ziel ein langer und mühsamer Entwicklungsweg liegt.

Die kirchlichen Emanzipationskritiker sehen in dem Ziel der Selbstwerdung und Selbstverwirklichung des Menschen ein konkurrierendes Ziel zur religiösen Bindung des Menschen an Gott. Sie fürchten ängstlich, Gott werde an Einfluß verlieren, je mehr der Mensch sich selbst verwirklicht. Sie selbst würden an Einfluß einbüßen, wenn Gott wirklich Einfluß auf den Menschen gewänne. Denn die Gotteserfahrung des Exodus besagt, daß Gott keineswegs die Sehnsucht des Menschen nach Selbsthabe und Selbstverwirklichung fürchtet und »zum Wohl des Menschen« verhindern will, sondern daß er als konsequenter Feind all dessen auftritt, das den Menschen in den Griff zu bekommen droht. Er unterstützt nicht die, die den Menschen beherrschen wollen, sondern die, die davon genug haben. Er fordert nicht zu Ruhe und Anpassung auf, sondern stiftet selber Unruhe und ermuntert zum Aufstand. Während die traditionelle Verkündigung oft mit dem Verweis auf das Kreuz zum Durchhalten und Ausharren aufgefordert hat, kann und darf der Mensch des Exodus im Rückblick erkennen, daß er gerade in seiner Unzufriedenheit und in seinem Leiden am Gegenwärtigen nicht nur Äußerungen des eigenen Lebenswillens, sondern Äußerungen Gottes erlebt hat. Dieser Gott will Unruhe stiften, weil er sich nicht mit Zerrformen des Lebens zufrieden gibt, sondern dem Menschen erfülltes Leben zugedacht hat. »Unruhig ist unser Herz, bis er ruht in DIR«, so hat Augustinus diese Situation umschrieben. In jeder Unruhe, die Ausdruck und Anzeichen einer inneren Zerrissenheit und Entfremdung ist, in jedem Leidensdruck, der Anstoß zur Veränderung ist, darf der Mensch den Gott des Exodus wiedererkennen, »der das Leiden seines Volkes kennt und gekommen ist, um es dort herauszuholen« (Ex 3,7 f.). Nur im zunehmenden Bewußtsein, von Gott selbst zum Ausbruch und Aufbruch gerufen zu sein, ist der Weg überhaupt möglich, ohne im Sumpf von Ängsten und Schuldgefühlen steckenzubleiben. »Das ewige niemals endende Zwiegespräch zwischen Schöpfer und Geschöpf beginnt weder mit Moralpredigten noch mit theologischen Spekulationen, sondern mit der Einsicht, daß der Schöpfer ein Gott der Freiheit ist.«[49]

Diese Grunderfahrung wird ergänzt durch das Erleben, daß Gott ein mitziehender Gott ist. In seiner unheilen Situation von Gott angesprochen und auf den Weg gerufen, erlebt der Mensch, daß dieser Gott Entwicklung will und darum auch den Weg bejaht. Als mitziehender Wegbegleiter, der Führung und Geleit auch bei Versagen und Irren nicht aufkündigt, akzeptiert Gott den Menschen als »Mensch im Werden« einschließlich aller dazu notwendigen Veränderungen, Entwicklungen, Umwege und Stagnationen. Diese Einsicht ist ungeheuer befreiend, denn sie nimmt den gewaltigen Druck, etwas bestimmtes sein zu müssen, um vor Gott überhaupt Beachtung und Akzeptanz zu finden. Statt dessen erfährt sich der Mensch in seiner Fehlerhaftigkeit bejaht und so zum je eigenen Lebensweg berechtigt. Fehler und Irrtümer sind dann keine Schandmale mehr, die die eigene Daseinsberechtigung in Frage stellen und deshalb versteckt und verdrängt werden müssen, sondern Stationen des Weges, die zwar bedauerlich, aber offensichtlich auch nicht zu vermeiden sind. Erkannt und verstanden werden sie zu Chancen und entscheidenden Wegkorrekturen. Im Angesicht des so mitgehenden Gottes, der einen mit grenzenloser Liebe betrachtet, ist Schulderfahrung nicht mehr die entsetzende Angst, sich Akzeptanz und Leben verscherzt zu haben, sondern das schmerzliche, aber Veränderung erzeugende Bewußtsein, sich selbst und/oder andere um die Chance sinnvollen und identischen Lebens gebracht zu haben. Durch das bedingungslos treue Weggeleit werden die Fehler zu Reifungsschritten.

Man kann die Gotteserfahrung des Weges nicht treffender zusammenfassen als in dem Bekenntnis, daß Gott Schöpfer ist. Denn der gesamte Weg aus unterdrückender Unfreiheit und Abhängigkeit hin zur freien Selbstwerdung wurde als alles umgestaltende Neuwerdung des eigenen Lebens erfahren. Der Weg ist ein schöpferischer Prozeß, der Wachstum und Entfaltung bedeutet. Nur bedingt wurde dieser kreative Vorgang als eigene Leistung erlebt. Im Vordergrund stand vielmehr das Überrascht- und Beschenktwerden, die Erfahrung einer guten und heilenden Macht, die Erfahrung der schöpferischen Gegenwart Gottes. So wird im Jesaja-Buch die Volkwerdung Israels mit der gleichen Vokabel »bara« beschrieben, mit der in der Schöpfungserzählung die Schaffung der Welt bezeichnet wird[50]. Die Geschichte des Exodus ist in jeder Hinsicht eine Schöpfungsgeschichte, in der der schöpferische Prozeß untrennbar Gabe und Aufgabe zugleich ist. In jeder Exoduserfahrung begegnet daher der Mensch Gott als dem Schöpfer, in dem alles möglich ist, sogar die eigene Selbstwerdung und das Glücken des individuellen Lebens. Es führt zu völlig anderen Lebenshaltungen, wenn der Mensch an sich selbst Gott als den heilenden Schöpfer erfährt, oder wenn Gott ihm durch andere als moralische Instanz vermittelt wird. Der Gott, der auf dem Weg erlebt wird, hat jedenfalls nichts Ängstigendes und Unterdrückendes an sich, sondern läßt befreit aufatmen und aufrecht gehen (Lev 26,13).

Diese Sicht deckt sich mit der Lebens- und Gotteserfahrung Jesu. In der Szene der Taufe Jesu ist sie brennpunktartig zusammengefaßt (Mk 1,9–11). Jesus steigt in das fließende Wasser des Jordan und taucht als veränderte Person auf; er beginnt eine Lebensweise, die von öffentlichem Interesse wird. Im Symbol und Ritual des Tauchbades wird wiederum Leben als Prozeß des Sterbens und Neuwerdens gedeutet. Gerade in dieser Lebensbewegung ist Jesus von Gottes Lebenskraft erfüllt (Mk 1,10). Auch er erlebt sie als alles um- und neugestaltende schöpferische Kraft, die seiner Existenz eine andere Richtung gibt. »Voll der Lebenskraft Gottes kehrte Jesus vom Jordan zurück«, leitet Lukas das öffentliche Wirken Jesu ein (Lk 4,1). In dieser Kraft beginnt Jesus ein neues Leben. Kern dieser alles verändernden Wegerfahrung ist Gottes liebevolles Ja: »Du bist mein Sohn. Geliebter, an dir habe ich Gefallen« (Mk 1,11). Dieses Ja ist wie eine Liebeserklärung, ist voll von schöpferischer Lebenskraft. Jeder, der einmal eine Liebeserklärung bekommen hat, weiß aus eigener Erfahrung um ihre schöpferische Macht: man wächst über sich hinaus, entdeckt und entwickelt ungeahnte Fähigkeiten, kann sich selbst akzeptieren und wird auch anderen gegenüber großzügiger. Die schöpferische und Identität stiftende (»Du bist mein Sohn«, Mk 1,11) Gotteserfahrung Jesu wird in seiner Lebensweise deutlich: Freude über das liebevolle Dasein Gottes ist seine Grundstimmung; Gelassenheit ergibt sich daraus sowohl dem Leben mit seinen Aufgaben und Problemen gegenüber als auch gegenüber Menschen und deren Lebensäußerungen einschließlich ihrer Schattenseiten; offen und annehmend weiß er, auf Menschen zuzugehen; bereit ist er für den Genuß, so daß seine Gegner ihn einen »Fresser und Säufer« schimpfen (Mt 11,19). Aus der schöpferischen, befreienden und umgestaltenden Lebenskraft Gottes heraus beginnt Jesus, Menschen zu befreien und zu verändern. In dieser Kraft sucht er Menschen auf, die vom Tod überschattet sind und eröffnet ihnen Leben. »Ich bin gekommen, damit sie das Leben haben und es in Fülle haben« (Joh 10,10). Heil und Heilung gehören für ihn so untrennbar zusammen, daß die Heilung geradezu zum Kennzeichen der Gottesherrschaft wird. Wo ein Mensch heil wird, beginnt Gott ihn zu durchherrschen, und wo Gott zur Herrschaft kommt, da wird der Mensch heil. So fassen die Evangelien Jesu Leben zusammen: er zog in ganz Galiläa umher, verkündete die Freudenbotschaft von der Gottesherrschaft und heilte alle Krankheiten und Leiden (Mt 4,23; Mk 1,39; Lk 4,44).

III
Weggeleit

28. Glaube, der von innen kommt

Im Matthäus-Evangelium ist ein kleines Doppelgleichnis überliefert, mit dem Jesus die Erfahrung der Gottesherrschaft schildert (Mt 13,44 ff.). Sie ist demnach eine Entdeckung: wie ein Schatz, auf den jemand ganz zufällig stößt, oder wie eine kostbare Perle, die einer nach langem Suchen endlich findet. In beiden Fällen erlebt der Entdecker seine Entdeckung als etwas überaus Kostbares, das alles andere in seinem Wert verblassen läßt. Nur das Eine zählt noch: diese Entdeckung zu bergen. Dafür wird alles andere aufgegeben, nicht in suchhaftem Rausch, der blind macht für die Wirklichkeit, auch nicht in mühsam errungener Verzichtsbereitschaft, sondern voller Freude! Mit diesen Bildern schildert Jesus die Gottesherrschaft als Erfahrung eines inneren Reichtums, der alle anderen Wertigkeiten und Wichtigkeiten in ihrer Bedeutung zurücksetzt und von einem Gefühl tiefer Freude begleitet ist. Diese Bilder treffen genau die Erfahrung des Weges, die wir am Beispiel der Exodus-Erzählung aufzeigen konnten.

Wenn wir allerdings unsere traditionelle religiöse Erfahrung mit diesen Bildern vergleichen, dann bleibt nicht viel Übereinstimmung. »Große Freude« ist sicherlich nicht das durchgehende Lebensgrundgefühl, von dem die meisten Christen gerade durch ihren Glauben geprägt werden. Auch wird es ihnen nicht einfallen, ihren Glauben als überwältigenden inneren Reichtum zu bezeichnen, der alles andere an menschlicher Glücksuche in den Schatten stellt. Jedenfalls sind »voller Freude« und die Bereitschaft, alles dafür herzugeben, nicht die Merkmale, die die durchschnittliche Religiösität kennzeichnen. Wenn Jesus aber genau diese Haltungen als Kennzeichen der Entdeckung von Gottes Herrschaft erklärt, heißt das dann nicht, daß wir diese Entdeckung offenbar noch gar nicht gemacht haben, obwohl wir laut Taufschein schon seit Jahren zur Gottesherrschaft gehören? Trifft nicht Nietzsches spöttische Bemerkung, daß die Christen zu wenig erlöst aussähen, genau diesen wunden Punkt, dieses Auseinanderklaffen von Bekenntnis und ganzheitlicher Erfahrung, von Verstand und Gefühl?

»Das grundsätzliche und prinzipielle Ignorieren aller inneren Prozesse, das lange einen geradezu mit Ingrimm verfolgten Programmpunkt innerhalb der Theologie darstellte, hat offenbar die kirchliche Praxis in eine dreifache Kalamität geführt: Entweder stand kirchliches Reden und Handeln beziehungslos neben der menschlichen Wirklichkeit, so daß das Interesse daran sprunghaft abzusinken begann. Oder es kam zu einer unkritischen Bedürfnisbefriedigung, die die kirchliche Praxis auf das Niveau eines religiösen Service an Marginalgruppen und in Grenzsituationen absinken ließ. Oder aber es kam zu unschönen und unreflektierten Kompromißbildungen, die von der Notwendigkeit der Praxis diktiert schienen und darauf hinausliefen, daß man der offenbaren Unattraktivität des kirchlichen Betriebes auf eine äußerst vordergründige Art durch einige kosmetische Operationen in Richtung auf größeren Lustgewinn und stärkere Befriedigung von Glücksstreben aufzuhelfen versuchte.«[51] Durch dieses Ignorieren aller inneren Prozesse und die Entscheidung zum Volkskirchentum, d. h. zum Bestreben, möglichst alle durch die Taufe in die Kirche einzugliedern, sind Eigenschaftsbestimmungen wie »gläubig«, »erlöst« oder »christlich« gar keine Eigenschaften mehr im Sinne einer konkreten Daseinserfahrung und Lebenspraxis; sie sind rechtliche und verwaltungstechnische Begriffe geworden. Denn sie treffen gar nicht mehr die erlebte, durchlebte und gelebte Wirklichkeit der so Bezeichneten, sondern die Tatsache, daß sie getauft sind, Kirchensteuer zahlen und vermutlich wenigstens in einem Minimalkonsens mit den Lehren der Kirche stehen. Ich denke dabei nicht nur an die offensichtlichen »getauften Heiden«, die jeder Seelsorger immer wieder anläßlich von Taufen, Trauungen, Erstkommunionen und Begräbnissen trifft. Ich denke vielmehr auch an die vielen, die durchaus im Leben der Gemeinden stehen, von den Inhalten des Glaubens überzeugt sind und sich um ein Leben nach den Normen des Glaubens bemühen, deren Glaube aber »verkopft« ist. Sie glauben z. B. wirklich, daß Gott sie annimmt, wie sie sind; ihr Leben trägt aber alle Anzeichen eines Kampfes gegen sich selbst, im Bemühen, vor sich selbst und vor den anderen Anerkennung zu finden. Oder sie bemühen sich z. B. wirklich, der Devise »Gott allein die Ehre« zu folgen, opfern aber offenkundig »fremden Göttern« wie Ängsten, Zwängen und Konventionen ihre Identität und ihr Leben.

Das ist ohne Zweifel eine Folge der verstandeseinseitigen Ausrichtung von Theologie und Seelsorge, die den Bruch zwischen Sein und (Tauf-)Schein durchaus empfindet, ihn aber vorwiegend durch Wissensvermittlung in Form von Religionsunterricht, Sakramentenkatechese und Verkündigung überwinden will, ohne die dazu notwendigen Prozesse der psychischen Entwicklung ausreichend zu beachten und zu fördern. Was eine derartige Theologie und Seelsorge jedoch nicht erreichen kann, ist die existentielle Betroffenheit, jenes nachhaltig prägende Entdeckungserlebnis. Dieser »Glaube« entspricht vielmehr der rational-voluntaristischen Lebenseinstellung, die den gesamten Bereich des Unbewußten und der Gefühle abwehrt und einseitig auf die Kräfte »Vernunft« und »Wille« setzt. So wird ihr Glaube zwangsläufig reduziert auf eine rationale Zustimmung zu Tatbestandsdefinitionen (z. B. Jesus ist der Sohn Gottes) und zu Handlungsanweisungen (z. B. Liebe deinen Nächsten), sowie auf den mehr oder weniger intensiv betriebenen Versuch, die moralischen Impulse auch zu befolgen. Dem gegenüber ist der Glaube des Exodus ein innerer und emotionaler Prozeß, eine ganz persönliche Such- und Reifungsbewegung, die durch kein vorgegebenes dogmatisches Raster ersetzt werden kann. »Jede Religion stellt nur den Rahmen für die Suche des Herzens bereit. Innerhalb der Religion gibt es unzählige Wege, religiös zu sein. Durch persönliches Suchen müssen wir unseren eigenen finden. Das kann niemand anders für uns erledigen. Diese oder jene Religion mag den historischen, kulturellen, soziologischen Rahmen dazu liefern. Sie mag uns eine Interpretation unserer Erfahrung anbieten, eine Sprache, um darüber zu sprechen. Wenn wir Glück haben, liefert sie uns vielleicht Anreize, die uns bei unserer Suche wach und aufmerksam halten, und Kanäle, die ihre Antriebskraft davor schützen, zu versickern, auszulaufen. All dies ist von unschätzbarem Wert. Und doch sind es äußere Dinge. Das Herz jeder Religion ist die Religion des Herzens.«[52]

Was wir mehr denn je brauchen, ist nicht ängstliche dogmatische Absicherung von Positionen, sondern ermutigende Ermöglichung dieser individuellen Suchbewegungen. Daß Glaube der Erfahrung bedarf, ist heute keine fremde Vorstellung mehr. Auch daß dafür nicht die »Erfahrung« der Institution Kirche ausreicht, sondern daß damit die Erfahrung jedes einzelnen gemeint ist. Aber das einseitige Setzen auf die Kräfte des Verstandes und das angstvolle Abblocken alles Individuellen verhindern diese Erfahrung. Im Grunde verhindert immer noch die Angst vor den Unwägbarkeiten des Weges den Aufbruch. Denn den Glauben als Weg-Glauben zu bejahen, heißt Veränderungen bejahen, heißt Umwege und Irrwege bejahen, heißt letztlich auch, einander unterschiedliche Erfahrungen zuzugestehen. Rechtgläubigkeit ist dann nicht mehr einfach an der jederzeit geltenden und ungeteilten

Zustimmung zu allen dogmatisch festgelegten Wahrheiten zu messen, sondern an der zunehmenden Vermenschlichung des Menschen zu erkennen. Glaube und Selbstwerdung sind keine konkurrierenden Ziele. Vielmehr vollzieht sich der Glaube in der Selbstwerdung, und in der Selbstwerdung wird Glaube als vertrauensvolle Bindung an den schöpferischen Gott erst möglich. Zu einem solchen Glauben gehört der Weg, wie ja auch die Anhänger Jesu, bevor man sie Christen nannte, »Anhänger des Weges« genannt wurden (Apg 9,2).

29. Türen nach innen

*Wer über die Weisung des Herrn nachsinnt bei Tag und bei Nacht,
bringt seine Frucht zur rechten Zeit.*

Ps 1,2 f.

*Das ist der Bund, den ich mit dem Haus Israel in jenen Tagen
schließen werde: Ich werde meine Weisung in ihr Inneres legen und
ihnen ins Herz hineinschreiben, und ich werde ihr Gott sein, und sie
werden mein Volk sein.*

Jer 31,36

Als entscheidende Voraussetzung, den Weg der Selbstwerdung überhaupt beschreiten zu können, wurde immer
wieder das Hören auf die Stimme Gottes genannt. Damit
haben wir allerdings erhebliche Schwierigkeiten, denn
diese Stimme ist ja nicht einfach akustisch wahrnehmbar
wie die Stimmen unserer Mitmenschen. Das »Wahrnehmungsorgan« für die Stimme Gottes ist nicht das Ohr,
sondern das eigene Selbst, oder – wie Jesus es nennt – das
unverdorbene Herz, das nicht theologisch verschult ist
(Mt 5,8; Mt 11,25). Je intensiver der Zugang zu diesem
»Organ« ist, desto eher kann die Stimme Gottes wahrge-
nommen werden. Es kommt also darauf an, den Kontakt
zum Unbewußten herzustellen »und die unendlich weise
Führung kennenzulernen, die in jedem von uns lebt«[53].
Denn der gesamte Prozeß der Selbstwerdung und damit
auch der Weg des Glaubens lebt davon, sich vertrauensvoll dieser Führung zu überlassen. Gegen den Vorwurf
und die Angst, hier werde Gott psychologisiert, schrieb
schon C. G. Jung: »Dieses Selbst ist nie und nimmer an
Stelle Gottes, sondern vielleicht ein Gefäß für die göttliche
Gnade.«[54] Entsprechend dem Hinweis Jesu, daß die Gottesherrschaft in uns selbst zu finden sei (Lk 17,21), kommt
es darauf an, Türen nach innen zu finden, um über eine

verstärkte Selbstwahrnehmung das SELBST wahrzunehmen als Ort, wo Gott dem Menschen begegnen kann.

Doch viele Menschen haben Angst vor ihrem Innenleben. Schon der Philosoph Blaise Pascal (1623–1662) meinte, daß das Unglück des Menschen damit beginne, daß er nicht mit sich allein in einem Zimmer bleiben könne. Er konnte zwar damals noch nicht ahnen, wie gut das heute geht, wo der Mensch jedes aufsteigende Gefühl und jeden aufkeimenden Gedanken mit Hilfe von Video und Stereo niederschlagen kann. Aber er spürte, daß die Menschen offenbar Angst vor der Selbstwahrnehmung haben, Angst vor dem, was in ihrer Person lebendig ist, weil sie nicht damit umzugehen wissen. Diese Angst ist nicht ganz unberechtigt, denn wir haben auf dem Weg gesehen, daß die Kräfte des Unbewußten wie Wasser sind: gebärend und verschlingend zugleich. Doch nicht das Meiden ist die richtige Reaktion, sondern der angemessene Umgang mit diesen Kräften. Jeder, der wirklich den Weg nach innen antreten will, braucht daher Begleitung. Er benötigt einen Menschen, zu dem eine so vertrauensvolle Beziehung besteht, daß er mit ihm über seine Erfahrungen auf dem Weg reden kann. Jeder Analysand hat seinen Therapeuten und jeder Suchende seinen Meister als stützende Begleitung.

Zur Selbstwahrnehmung gehören die *Gedanken*. Ständig geht einem irgend etwas durch den Kopf. Oft registrieren wir gar nicht näher, was das für Gedanken und Bilder sind, und schon gar nicht, worauf sie eigentlich Reaktion sind, welche inneren oder äußeren Reize sie also ausgelöst haben. Ein bewußteres Achten darauf ist schon ein Schritt der Selbstwahrnehmung.

Zur Selbstwahrnehmung gehören die *Gefühle*. Wir können davon ausgehen, daß jeder Gedanke und jegliches Tun und Erleben von Gefühlen begleitet wird. Doch auch diese nehmen wir meist nicht wahr. Wie wenig wir gelernt haben, auf unsere Gefühle zu achten, zeigt sich schon in der Schwierigkeit, Gefühle zu benennen. Oft fehlen Menschen die Worte, um zu beschreiben, was sie spüren. Oft aber spüren sie gar nichts oder können nicht unterscheiden, ob das, was sie spüren, wirklich aus ihnen selbst kommt. So war ein Patient in seiner Entwicklung so sehr auf die Erfüllung der Erwartung anderer getrimmt worden, daß er überhaupt nicht mehr angeben konnte, was an persönlichen Gefühlsregungen da war. Auf andere Menschen reagierte er mit einer anerzogenen Freundlichkeit, ohne vermerken zu können, ob er diese Menschen sympathisch fand. Es dauerte sehr lange, bis ihm wieder ein Kontakt zu den eigenen Gefühlen gelang und seine Sicherheit hinsichtlich dessen, was er empfand, wuchs. Ein bewußteres Achten auf Gefühle und die sie auslösenden Momente ist daher ein weiterer wichtiger Schritt der Selbstwahrnehmung.

Zur Selbstwahrnehmung gehört auch der *Körper*. Auch er sendet immer wieder Signale aus, die die einen ängstlich überbewerten, andere dagegen ignorieren. Einmal bewußter und ohne Angst darauf zu achten, in welcher Situation der Körper wie reagiert und was er damit signalisiert, ist ebenfalls ein Schritt der Selbstwahrnehmung. Die psychosomatische Forschung hat sehr deutlich nachgewiesen, wie sehr Körper und Seele wechselseitig aufeinander einwirken. Die Sprache hat diese Zusammenhänge schon lange benannt; man sagt beispielsweise, daß einem etwas an die Nieren geht, im Magen liegen oder Kopfzerbrechen bereiten kann.

Je mehr ich von mir wahrnehme, desto angemessener kann ich darauf eingehen. Je angemessener ich darauf eingehe, desto identischer wird mein Leben, weil ich im Einklang lebe mit dem, was in meiner Person lebendig ist, im Einklang mit meiner physischen und psychischen Natur, im Einklang mit mir selbst.

Natürlich gibt es auch spezielle Methoden, die die SELBST-Wahrnehmung fördern. Dazu gehört das schon mehrfach erwähnte freie Assoziieren. Wer einfach seinen Gedanken so nachhängt, wie sie kommen, wendet bereits diese Methode an. Um darin dann die Botschaft des SELBST zu erkennen, sollte man bedenken, von welchem Ausgangspunkt einen die Gedankenkette warum wohin gebracht hat, und was die einzelnen Glieder dieser Gedankenkette dabei bedeuten. Mit dieser Methode des freien Assoziierens gelingt es der Therapie immer wieder, vom aktuellen Erleben zu prägenden Erfahrungen der Vergangenheit, vom Banalen zum Wesentlichen und von der Oberfläche in die Tiefe zu gelangen. Schon Meister Eckhart nannte Anfang des 14. Jahrhunderts das Sich-Gehenlassen und die Fähigkeit, etwas einfach geschehen zu lassen, Schlüssel, die Türen nach innen öffnen.

So sind auch die verschiedenen meditativen Techniken wertvolle Hilfen, sich Kontakt zum eigenen Innenleben zu verschaffen und dadurch dem SELBST auf die Spur zu kommen.

Eine weitere Methode liegt im Imaginieren, das »bewußte Träumen«, eine Methode, die Menschen seit jeher angewandt haben, um Gott oder die Götter zu erfahren. Diese Methode lebt von der Möglichkeit, sich etwas vorstellen zu können und diesen Vorstellungen wiederum freien Lauf zu lassen. Man kann z. B. imaginieren, einen Spaziergang durch die Landschaft machen. Welche Bilder tauchen jetzt auf; was sind das für Wege, die man geht; durch welche Landschaften und Orte führen sie; wer begegnet einem; was sieht und erlebt man? Das Aufsteigen der Bilder ist dabei vom Willen unabhängig und entspringt unmittelbar den unbewußten Quellen. Von daher sind diese Bilder sehr aufschlußreich für das gegenwärtige und vergangene Erleben. Die Dialoge in solchen Imaginationen geben oft erstaunlichen Einblick. Doch darüber hinaus gilt: »In dem Maße, wie das Individuum lernt, die Erlebnissituationen und Gefühle, die auf dieser Bilder- und Vorstellungsebene ablaufen, zuzulassen, intensivieren sich auch im Alltag seine Fähigkeiten zum intensiven Erleben und Fühlen.«[55] Der Indianerhäuptling Tatanga Mani meinte einmal zu einem weißen Gesprächspartner: »Weißt du, daß Bäume reden? Ja, sie reden. Sie sprechen miteinander, und sie sprechen zu dir, wenn du zuhörst. Aber die weißen Menschen hören nicht zu. Sie haben es nie der Mühe wert gefunden, uns Indianer anzuhören, und ich fürchte, sie werden auch auf die anderen Stimmen in der Natur nicht hören. Ich selbst habe viel von den Bäumen erfahren: manchmal etwas über das Wetter, manchmal über Tiere, manchmal auch über den großen Geist.«[56] Wir haben diese Fähigkeit zum Hören weitgehend verloren. Aber jede Intensivierung unseres Fühlens kann uns wieder aufschließen für all die phantastischen Assoziationen, die jedem Gegenstand und jeder Idee zu eigen sind.

Den unmittelbarsten und intensivsten Zugang zum SELBST bietet der Traum, die »via regis« (der Königsweg) zum Unbewußten, wie Freud ihn nannte. »Weisheit kommt aus den Träumen« meint ein anderer großer Indianer, der Wanapum-Schamane Smohalla, einer der bedeutendsten religiösen Führer der nordamerikanischen Indianer. Die Weisheit des Verstandes bezeichnete er im Vergleich zur Weisheit des Traumes als schwach und armselig[57]. In der Tat ist es immer wieder erstaunlich, wie treffend im Traum Zusammenhänge aufgezeigt, Ursachen erklärt und Lösungen aufgewiesen werden, längst bevor der Verstand beginnt, etwas zu erkennen. Die fruchtbarste Arbeit geschieht in der Therapie dann, wenn mit Träumen gearbeitet werden kann. Der Traum ist der intensivste Ausdruck des SELBST. Gerade deshalb galt er auch in den Religionen als der vornehmlichste Ort der Gotteserfahrung. Diese Vorstellung ist auch der Bibel nicht fremd, denn sie weiß von vielen Träumen zu erzählen, in denen Gott Menschen seine Weisung offenbarte. »Denn auf die eine Weise redet Gott, auf eine zweite —

doch bemerkt man's nicht. Im Traum des Nachtgesichtes, wenn tiefer Schlaf sich auf die Menschen senkt, im Schlummer auf der Lagerstätte, da öffnet er das Ohr der Menschen« (Ijob 33,14–16). Allerdings benutzen Träume eine symbolische Sprache, die schwer zu verstehen ist. Je geringer unser Zugang zu intensivem Fühlen und Erleben ist, desto geringer ist auch unser Zugang zur Bildersprache des Traumes. Bücher, die für jedes mögliche Traumsymbol eine allgemein zutreffende Erklärung bereithalten, sind ihr Geld nicht wert. Vielmehr kommt es darauf an, eine ganz andere Art und Weise des Denkens zu schulen, die symbolfähig ist und nicht gegen Äußerungen des Unbewußten andenkt. Die Führung eines Traumtagebuches, in dem regelmäßig alle Träume und alle Einfälle zu diesen Träumen eingetragen werden, kann hilfreich sein, allmählich der Botschaft der Träume auf die Spur zu kommen[58]. Häuptling Smohalla machte aber noch auf eine andere Schwierigkeit aufmerksam, indem er sagte, daß Menschen, die arbeiten, nicht träumen können. Darauf hingewiesen, daß die Männer seines Stammes zur Zeit des Fischfanges doch auch hart arbeiten würden, entgegnete er, diese Arbeit sei zeitlich begrenzt und außerdem natürlich, die Arbeit des weißen Mannes aber verhärte Leib und Seele, denn sie sei gegen die Natur[59]. Mit seinem natürlichen Zugang zu den Kräften der Seele hatte er die entfremdende Wirkung weißer Arbeits- und Lebensweise erkannt.

Mit der Natur sein und nicht gegen sie leben, mit der eigenen physischen und psychischen Natur wie mit der uns umgebenden Natur, wird darum zu einem wichtigen Schlüssel, der Türen nach innen öffnet. Eine ursprüngliche und wesensgemäße Weisung in uns selber muß wiederentdeckt werden, die wir als Weisung Gottes verstehen dürfen. »Finden wir unser Herz wirklich, dann finden wir jenen Bereich, in dem wir auf das Engste mit uns selbst, mit allen anderen und mit Gott eins sind. Und die erstaunlichste Entdeckung ist die, daß in der Tiefe meines Herzens, um es mit den Worten Augustinus' zu sagen, »Gott mir näher ist als ich mir selbst.«[60]

Jede Erziehung, die Menschen offen machen will für den Weg der Selbstwerdung und der Gottesbegegnung, tut deshalb gut daran, das »Wahrnehmungsorgan« für Gott zu schulen, indem sie bildhaftes Denken fördert, die Selbstwahrnehmung unterstützt und vor allem einen Raum an Geborgenheit und Sicherheit schafft, in dem Gefühle offen zugelassen und durchlebt werden können, vom Verstand reflektiert, aber nicht von ihm abgewehrt.

30. Geburts- und Lebenshilfe

»Wenn ein Pfarrer, der mit seiner Gemeinde vertraut ist, am Sonntagmorgen seinen Blick über die Gottesdienstbesucher schweifen läßt, erblickt er viele, die eine schwere Last zu tragen haben und insgeheim unter tiefen Wunden leiden. Oft ist er der einzige, dem sich das innere Leben solcher belasteter Menschen erschlossen hat.... Viele von ihnen vertrauen das zerbrechliche Gebilde ihres Lebens dem Geistlichen und seinen beraterischen Fähigkeiten an, ob er dies Vertrauen verdient oder nicht.... Ist er hierfür nicht gerüstet, dann gibt er ihnen Steine statt dem Brot, nach dem sie verlangen.«[61] Ich erlebe immer wieder, wie groß die Nöte der Menschen sind und wie sehr sich so Belastete danach sehnen, irgendwo aufgefangen zu werden und Entlastung, Verständnis und Hilfe zu finden. Aber ich habe den Eindruck, daß in unseren Kirchen weitgehend Steine statt Brot verteilt werden. Obwohl sich das Metier »Seelsorge« nennt, sind die wenigsten, die es betreiben, wirklich dafür gerüstet, sich um die Seelen der ihnen Anvertrauten zu sorgen. »Kopfsorge« würde besser beschreiben, worauf die Ausbildung vorbereitet.

Einem rational-voluntaristischen Menschenbild und Glaubensverständnis entspricht eine Ausbildung, die fast ausschließlich in Wissensvermittlung besteht und selbst da, wo sie Spiritualität vermitteln will, rein über die rationalen Kräfte arbeitet. Diese Art der Ausbildung ist bereits in den »Sprüchen der Väter«, dem Zeugnis frühchristlichen Mönchtums aus dem 4. Jahrhundert, treffend charakterisiert: »Sie trachten nur deshalb danach, einen der heiligen Väter zu sehen und einige Worte zu hören, um damit vor anderen Leuten groß tun zu können, und rühmen sich, es von diesem oder jenem gehört zu haben.

Wenn sie sich auch nur einige Kenntnisse erworben haben, dann wollen sie gleich Lehrer sein und wollen anderen Leuten vortragen, nicht, was sie selbst geübt, sondern was sie von anderen gehört und gesehen haben.«[62] Ist die Motivation der meisten auch besser als in diesem Spruch charakterisiert, so trifft doch gerade die letzte Anmerkung, daß den Seelsorgern die Selbsterfahrung fehlt. Ich kann aber einen anderen nur soweit führen, wie ich selber gelangt bin. Wer selber nicht den mühsamen, aber so befreienden Weg nach Innen gegangen ist, kann auch nicht anderen befreiend begegnen.

Gerade dies war ein Wesensmerkmal der Lebensweise Jesu: Begegnungen mit ihm waren heilend und befreiend. Die Evangelien erzählen viele Gesprächssituationen, in denen eine intensive Begegnung zwischen Jesus und seinen Gesprächspartnern stattfand, die als prozeßhaftes Geschehen bei den Betroffenen zu entscheidenden Veränderungen in ihrer Lebenseinstellung führte. »Unter der Herrschaft Gottes gewinnen die Menschen die Freiheit, ihr Leben dankbar anzunehmen und zu verwirklichen.«[63] Das wiederum entspricht den Erfahrungen des Weges, der ja genau dazu führen soll. Die ältesten Sendungsaufträge im Neuen Testament sprechen darum auch nicht vom Taufen und Lehren, sondern vom Heilen: »Helft den Kranken in der Stadt und sagt ihnen (dadurch): zu euch ist Gottes Herrschaft gekommen« (Mk 6,7; Mt 10,7f.; Lk 10,9). In der heilenden und befreienden Wirksamkeit der eigenen Existenz wird das Kommen der befreienden Herrschaft Gottes glaubwürdig und real erfahrbar verkündet.

Die gewaltsame Trennung des elementar Zusammengehörenden, die gewaltsame Trennung von Verkündigung und Therapie, von Heil und Heilung hat jene abstrakte Form von Theologie geschaffen, die an der Lebenswirklichkeit des Menschen vorbeidenkt und -redet, und jene Form von Seelsorge, die im Management eines

Service-, Unterhaltungs- und Volkshochschulbetriebes besteht. Beiden gelingt es nicht mehr, die vorhandene und empfundene Not des Menschen zum Glück zu wenden.

Es kommt also darauf an, in der Seelsorge das ursprünglich Zusammengehörende wieder zusammenzubringen. Wir haben auf dem Weg des öfteren erlebt, wie sehr Hebammen gebraucht werden, die dem Neuen zum Leben und Überleben helfen, und wie notwendig ein stützendes Weggeleit ist. In dieser Geburts- und Lebenshilfe sehe ich die eigentliche Aufgabe der Seelsorge. Diese Aufgabe ist in der Geschichte der Kirche nicht neu, ich brauche da nur an den »geistlichen Seelenführer« zu erinnern, der das Leben eines Menschen oft für lange Zeit intensiv begleitete. Aber offenbar ist es notwendig, diese Aufgabe neu zu sehen.

Menschen sollen in ihrer Bedürftigkeit angenommen werden; es soll ein Klima des Wohlwollens und Vertrauens geschaffen werden, in dem sie den Mut zur Selbstbegegnung und Bilanz aufbringen können. Mut zum Aufbruch sollte ihnen gemacht, sie auf den Höhen und Tiefen dieses Weges begleitet, mit ihnen die Erfahrungen des Weges geteilt und gedeutet und so ihre Wiedergeburt aus dem Wasser und dem Geist (Joh 3,5) ermöglicht werden. Die Wahrnehmung dieser Aufgaben ist nicht Privileg bestimmter Personen oder an Theologiestudium und Weihe gebunden. Das stützende Weggeleit ist vielmehr jedem aufgetragen und möglich, der selbst den Weg begonnen und ihn wenigstens ein gutes Stück weit bewältigt hat. Wir stehen oft in der Gefahr, die einfachsten und natürlichsten Aufgaben mitmenschlicher Existenz zu professionalisieren und sie an »zuständige Fachleute« abzutreten. Lebenshilfe ist jedoch ein Grundmoment menschlichen Mit- und Füreinanders, das Seelsorge zum allgemeinen Auftrag macht. Gerade aber diejenigen, die ausdrücklich zur Sorge um die Seele angetreten sind, müßten in dieser Aufgabe ihr allererstes Anliegen sehen.

»Auf diesem Hintergrund kann im pastoralen Gespräch ein kairologischer Ort heutiger Pastoral gesehen werden, in dem sich sinn-deutend und notwendend eine adäquate Vermittlung zwischen der Botschaft Jesu und der konkreten Lebenssituation des Menschen ereignen kann.«[64]

Diese Aufgabe fordert den Seelsorger ungleich stärker als die bisherige Praxis. Denn er kann nicht in Rollen und Funktionen fliehen, sondern muß sich mit seiner eigenen Persönlichkeit einbringen. Denn an seiner Persönlichkeit, an dem, was er in der Begegnung ausstrahlt und vermittelt, muß erkennbar sein, daß seine Botschaft glaubwürdig ist. Dafür braucht der Seelsorger kein fertiger Mensch sein, er darf sogar niemals ein fertiger Mensch sein. Aber er muß in hohem Maß den Weg gegangen sein. Denn nur so kann er Sicherheit und Gelassenheit ausstrahlen, die in seiner Erfahrung von Gott als dem Garanten einer letzten Geborgenheit und Lebensfülle gründet. Dann kann er auch bei anderen dieses Vertrauen wecken und stärken. In solcher Begegnung braucht das Wort »Gott« überhaupt nicht zu fallen, es braucht sich nicht einmal um eine religiöse Thematik zu handeln. Vielmehr wird durch die solidarische Beziehung zwischen Seelsorger und Gesprächspartner das Mitsein und Fürsein Gottes erfahrbare Wirklichkeit.

Der Gesprächstherapeut C. Rogers nennt drei wichtige Persönlichkeitsvariablen, die für ein solches Weggeleit notwendig sind: Kongruenz, bedingungslose positive Wertschätzung und empathisches Verstehen[65]. Mit Kongruenz bezeichnet er die Ausgeglichenheit der Persönlichkeit, die nicht von einander widerstreitenden Kräften zerrissen wird, sondern die verschiedenen Anteile integrieren kann. Ausdruck dieser Integration ist die Echtheit im Reden und Handeln. Die zweite Variable, die bedingungslose positive Wertschätzung, ist unabdingbare Voraussetzung dafür, daß ein Mensch sich überhaupt öffnen kann. Wo ihm in echter Weise Wärme, Annahme, Interesse und Achtung entgegengebracht wird, ist diese Voraussetzung erfüllt, da wird ihm – theologisch gesprochen – Gnade vermittelt: Liebe, die aller Leistung zuvorkommt. Die dritte Variable, das empathische Verstehen, umfaßt mehr als das rationale Verstehen. Es ist die Fähigkeit, sich mitfühlend auf einen anderen Menschen einzulassen, zu spüren und zu erfassen, was sich in ihm abspielt. Dabei wird erlösendes Verständnis vermittelt und ermöglicht. Wo ein Seelsorger, und damit meine ich keineswegs nur geweihte Amtsträger, über eine solche Persönlichkeit verfügt, da verschwinden alle paternalistischen Attitüden und Herrschaftsansprüche. Da wird er vielmehr zu einem Wegbegleiter, der selbst auf dem Wege ist. Da wird die schönste Definition von Seelsorge Wirklichkeit: »Wir sind nicht Herren eures Glaubens, sondern Diener eurer Freude« (2 Kor 1,24).

31. Warum habt ihr so wenig Vertrauen?

Eine der häufigsten Klagen Jesu ist die über das mangelnde Vertrauen seiner Jünger. Angesichts seiner eigenen, in den Erfahrungen des Weges gründenden, Sicherheit und Gelassenheit fällt die Ängstlichkeit seiner Umgebung, die sich sowohl in Unentschlossenheit und mangelnder Risikobereitschaft wie auch in Unbeweglichkeit und aggressiver Abwehr äußert, besonders deutlich auf. Viele seiner Worte und Erzählungen zielen darauf ab, das Vertrauen seiner Zuhörer zu stärken. Weil ich die Ängste vor dem Weg kenne und die heftige Abwehr alles Psychologischen durch die Verantwortlichen in der Kirche oft genug selber erlebt habe, möchte ich am Ende dieses Buches an drei dieser Vertrauensworte erinnern.

Im Gleichnis von der selbstwachsenden Saat (Mk 4,26–29) befreit Jesus von einem zwanghaften Machenmüssen. Es ist eine der großen Gefahren in der Beratung, daß der Berater glaubt, er müsse für den Ratsuchenden die Probleme lösen. Zum einen entmündigt er damit den Ratsuchenden, zum anderen dient diese Art der Hilfe wohl mehr dem eigenen Wohl, nämlich der Erhöhung des eigenen Selbstwertgefühls durch den Nachweis, zum Heil des anderen notwendig zu sein. Die in der Kirche Verantwortlichen erliegen dieser Gefahr sehr oft, indem sie den Dirigismus zu ihrer Methode machen und die ausgeübte Herrschaft zum Dienst erklären in der Vorstellung, nur das, was nach ihrem Rezept und unter ihrer Kontrolle getan wird, sei gut. Gegen diese Überschätzung der eigenen Wichtigkeit und die ihr entsprechende Unterschätzung der sich frei entfaltenden Kräfte anderer setzt Jesus mit seinem Gleichnis die Empfehlung, einfach mehr geschehen zu lassen und weniger machen zu wollen. »Warum habt ihr so wenig Vertrauen?«

Im Gleichnis vom Unkraut unter dem Weizen (Mt 13,24–30) befreit Jesus von einer schädlichen und im Endeffekt zerstörerischen Fixierung auf Reinheit und Ordnung. Eine der wesentlichen Erfahrungen des Weges besteht darin, den eigenen Schatten zuzulassen und Irrtum und Fehlerhaftigkeit zu bejahen. Jeder Therapeut weiß, daß nicht alles, was auf dem Wege der Selbstwerdung entsteht und wächst, gut ist. Aber er wird auch die nötige Geduld und Gelassenheit haben, es zuzulassen bis der rechte Augenblick gekommen ist, es zu verarbeiten und zu integrieren. Doch die Verantwortlichen in der Kirche haben Angst vor dem, was wächst. Sie fühlen sich gerufen, »Wildwuchs« zu bekämpfen und auszumerzen. Aber in Anbetracht der viel größeren Gefahr, damit auch das Gute zu zerstören, empfiehlt Jesus mit seinem Gleichnis, einfach beides wachsen zu lassen und sich nicht schon jetzt ein Urteil und daraus folgende Strafmaßnahmen anzumaßen. »Warum habt ihr so wenig Vertrauen?«

Schließlich befreit Jesus mit seinem Gleichnis vom Senfkorn (Mk 4,30 par.) von Leistungszwang und Zeitdruck. Geduld ist eine der wichtigsten Qualifikationen für den Therapeuten, denn jede Entwicklung braucht Zeit. Nicht überwältigende Veränderungen von heute auf morgen kennzeichnen die Selbstwerdung. Viele kleine, unscheinbare Schritte wirken sich langsam aus. »Warum also habt ihr so wenig Vertrauen?«

Anhang

Tabellarische Übersicht über die einzelnen Stationen des Exodus und ihre psychodynamischen Entsprechungen auf dem Weg der Selbstwerdung

Gen 46
Eine Hungersnot in Kanaan läßt Jakob und seine Söhne in Ägypten Hilfe suchen. Die ganze Sippe wechselt nach Ägypten.

Die Erfahrung des existenziellen Dilemmas und die ihr entsprechende Sehnsucht nach Geborgenheit, Anerkennung und Sinn läßt Halt suchen.

Ex 1,8–22
In Ägypten kommt ein neuer Pharao zur Herrschaft. Aus dem Asyl, das das Überleben garantierte, wird eine unterdrückende Knechtschaft.

Die haltsuchende Bindung an Personen und andere »Sinnstifter« wie Leistung und Besitz bekommt eine Eigendynamik: aus der ursprünglichen Hilfe wird eine beherrschende Macht, die die Person zunehmend deformiert und die Entwicklung der Identität verhindert.

Ex 2,23
Die Unterdrückung wird unerträglich, Israel schreit um Hilfe

Die mangelnde Identität und das Fehlen eines angemessenen Verhaltensrepertoires führen in einer Krise zum nötigen Leidensdruck, der Veränderung will.

Ex 3,1–15
Gott beruft Mose, das Volk Israel in die Freiheit zu führen.

Durch die krisenhafte Entwicklung wird in der eigenen Person ein veränderungswilliger Anteil geweckt und verstärkt.

Ex 5,1–23
Mose führt erste Unterredungen mit dem Pharao, um die Erlaubnis zum Auszug zu erhalten. Daraufhin werden die Bedingungen der Sklavenschaft verstärkt.

Erste Versuche, an der eigenen Lebenssituation und Persönlichkeit etwas zu verändern, lösen massive Ängste und Schuldgefühle aus.

Ex 7,14–10,33
Gott sendet 10 Plagen über Ägypten, die schließlich den Pharao bewegen, Israel sogar zum Aufbruch aufzufordern.

Die Impulse zur Veränderung geraten in einen Kampf mit den alten, bisher geltenden Strukturen.

Ex 12,37–42
Ohne Zeit zur Vorbereitung bricht Israel auf Geheiß Gottes und aufgrund des plötzlichen Sinneswandels des Pharao auf.

Die zunehmende innere Zerrissenheit zwischen veränderungswilligen Impulsen und alten Strukturen führt zu einer Entwicklung, die schmerzvoll als Vertreibung aus dem bisher Gewohnten erlebt wird.

Ex 13,17–18
Um Israel vor Resignation angesichts weiterer Gegenwehr zu bewahren, leitet Gott das Volk auf einem Umweg an das Schilfmeer.

Die Persönlichkeitsentwicklung ist weder beständig noch geradlinig. Dynamische Phasen und Ruhephasen wechseln einander ab. Irrwege und Umwege gehören dazu.

Ex 14,15–31
Mit Jahwes Hilfe überwindet Israel das Rote Meer, während die verfolgenden Ägypter samt und sonders von den zurückflutenden Wassermassen getötet werden.

Der Zusammenbruch der rational-voluntaristischen Einstellung ermöglicht grundlegende Veränderung durch das Eröffnen der Welt des Unbewußten und der Gefühle. Was bisher als Tod gefürchtet wurde, wird nun zu Geburtswehen eines neuen Lebens.

Ex 15,19−21
Nach der wunderbaren Errettung aus der aussichtslosen Situation führen Mirjam und die Frauen einen Freudentanz auf und singen ein Loblied auf Jahwe.

Durch den Zusammenbruch der rational-voluntaristischen Einstellung ist der »weibliche« Anteil, der Bereich der Gefühle und des Unbewußten, zugänglich geworden. Er »hebt augenblicklich die Stimmung«.

Ex 15,22−27
Vom Schilfmeer aus gerät Israel in die Wüste, wo es drei Tage lang kein Wasser findet, bis es zur Oase Elim gelangt.

Der Zusammenbruch der vertrauten Denk- und Verhaltensmuster wird als belastende Orientierungslosigkeit erlebt.

Ex 16,1−3
Angesichts der harten Entbehrung in der Wüste bereut Israel den Aufbruch und wünscht sich zurück zu den Fleischtöpfen Ägyptens.

Die mit der Veränderung verbundenen Belastungen, Anstrengungen und Schmerzen werden zu Widerständen, die sich gegen die Persönlichkeitsentwicklung richten.

Ex 16,6−21
Israel wird in der Wüste von Gott mit Manna gespeist, das es sich allmorgendlich sammeln muß, jeder nach seinem Bedarf.

Die Notwendigkeit zur Neuorientierung führt zur Konzentration auf das Wesentliche und gegenwärtig Zufallende. Dadurch findet eine Entwicklung vom zwanghaften Machen-Müssen zur empfänglichen Offenheit statt.

Ex 17,1−7
Um das Volk vor dem Verdursten zu retten, schlägt Mose auf Geheiß Gottes Wasser aus einem Felsen.

Jede ausgehaltene Spannung und jede durchgestandene Enttäuschung festigt und reift die Persönlichkeit.

Ex 17,8–16
Die Amalekiter kämpfen gegen Israel. Solange Mose die Hände betend und segnend erhebt, kann Israel gewinnen.

Die Umwelt (Partner, Kinder, Eltern, Freunde, Kollegen) sabotiert die Veränderung und will das bisher Gewohnte neu stabilisieren. Eigene Ansprüche müssen gegen diesen Widerstand kämpferisch durchgesetzt werden.

Ex 20,1–17
Auf dem Weg durch die Wüste gelangt Israel an den Berg Sinai. Dort wird ihm von Gott das Zehnwort als Weisung zum Leben gegeben.

Im zunehmenden Abbau von Fremdbestimmung und Selbstentwertung werden Perspektiven menschlichen Lebens deutlich. Die herrschafts- und entfremdungsfreie Existenz befähigt auch zur mitmenschlichen Existenz.

Ex 32,1–6
Israel fertigt sich aus dem Schmuck der Frauen ein goldenes Stierbild und feiert es als seinen Gott, der es befreit hat.

Die frühere depressive Selbstentwertung kippt um in eine grandiose Selbstüberschätzung.

Num 13,17–33
Israel gerät an die Grenze zum gelobten Land. Kundschafter melden ihm die große Fruchtbarkeit des Landes, aber auch die starke Wehrbereitschaft seiner Einwohner. Israel schwankt zwischen mutiger Entschlossenheit und Resignation.

Die Entwicklung kommt an die magische Grenze zwischen Sondersituation und Alltag. Das neu Gelernte muß jetzt für den Alltag gesichert werden. Plötzlich erscheinen die entgegenstehenden Schwierigkeiten wieder riesengroß und unüberwindlich.

Num 21,4–9
Bei einem erneuten Wüstenaufenthalt sterben viele Israeliten
am Biß der Feuerschlange. Der
feste Blick auf eine von Mose
angefertigte eherne Schlange
rettet vor dem Tod.

Die ursprünglich Angst erzeugende Endlichkeit der menschlichen Existenz wird bejaht. Im
Kern des existenziellen Dramas
wird das existenzielle Dilemma
wieder sichtbar und jetzt verarbeitet.

Vom Ostjordan her wird das gelobte Land stückweise erobert.

Die durchlaufene Entwicklung
hat einen Verhaltensspielraum
eröffnet, in dem das SELBST
verwirklicht werden kann und
identisches Leben möglich ist.

Anmerkungen

[1] *J. Scharfenberg,* Religion zwischen Wahn und Wirklichkeit, Hamburg 1972, S. 137.

[2] *Johannes Paul II.,* Apostolisches Schreiben »Familiaris Consortio«, in: Amtsblatt für das Erzbistum Köln, Stück 29, Jahrgang 1981, S. 261.

[3] *Paul Tillich,* Der Mut zum Sein, G. W. XI, Stuttgart 1970, S. 112.

[4] *O. Pfister,* Die Psychoanalyse als wissenschaftliches Prinzip und seelsorgliche Methode, in: *V. Läpple / J. Scharfenberg* (Hrsg.), Psychotherapie und Seelsorge, Darmstadt 1977, S. 42.

[5] *K. G. Rey,* Darauf kommt es an. Über die Selbstverwirklichung der Christen, München 1976, S. 7.

[6] Z. B. Jes 5,1–4; Lk 13,6–9; Joh 15,16.

[7] Z. B. Jes 5,5–7; Mk 12,1–12 par.

[8] Z. B. Mk 4,1–8; Mk 4,26–29.

[9] *K. G. Rey,* a.a.O., S. 21.

[10] *K. Herbst,* Was wollte Jesus selbst?. Bd. 1, Düsseldorf 1979, S. 60.

[11] *G. Schmidtchen,* Was den Deutschen heilig ist, München 1979, S. 64 ff.

[12] *A. Görres,* Kennt die Religion den Menschen?, München 1983, S. 18.

[13] *H. Stenger,* Verwirklichung unter den Augen Gottes, Salzburg 1985, S. 84.

[14] *J. Scharfenberg,* Symbole des Glücks in theologischer und psychologischer Sicht, in: *R. Riess,* Perspektiven der Pastoralpsychologie, Göttingen 1974, S. 19 f.

[15] *P. Tillich,* Ges. W. VIII, Stuttgart 1970, S. 139.

[16] *H. Kirchhoff* (Hrsg.), Ursymbole und ihre Bedeutung für die religiöse Erziehung, München 1982, S. 17 f.

[17] *H. Kirchhoff,* a.a.O., S. 21.

[18] *R. Tschirch,* Tiefenpsychologische Erwägungen zum Charakter christlichen Lebensgefühls und kirchlicher Predigt, in: *R. Riess,* Perspektiven der Pastoralpsychologie, Göttingen 1974, S. 205.

[19] *B. Bettelheim,* Kinder brauchen Märchen, Stuttgart 1977.

[20] *J. Heumann,* Symbol – Sprache der Religion, Stuttgart 1983, S. 25.

[21] *S. Freud,* Die Traumdeutung, in: Studienausgabe Bd. II, Frankfurt am Main 1972, S. 215.

[22] *H. Müller-Pozzi,* Die Speisung der Fünftausend als Ansatz eines psychoanalytischen Verständnisses der Person und Verkündigung Jesu, in: *Y. Spiegel* (Hrsg.), Doppeldeutlich, München 1978, S. 16.

[23] Dt 15,15; 2 Ma 2,17; Ps 106,49; Ps 118,5; Dan 6,18 u. v. a. m.

[24] *K. Herbst,* Was wollte Jesus selbst?. Bd. 2, Düsseldorf 1981, S. 171.

[25] *E. Drewermann,* Tiefenpsychologie und Exegese. Bd. 1, Olten 1984, S. 489.

[26] Die übliche Übersetzung »Ich bin, der ich bin« ist aus zweifachem Grund unzureichend: 1. Das Wort ›hajah‹ bedeutet im Hebräischen nicht einfach ›sein‹, sondern: werden, geschehen, sich ereignen, da-sein, ist also ›dynamisch‹ aufzufassen. 2. Diese Übersetzung verleitet zu einer philosophischen Deutung im Sinne des ›Seins selbst‹ (ipsum esse), die dem hebräischen Denken fern liegt. Sachgerecht dürfte in der Tat nur die Übersetzung sein: ›Ich werde da-sein, der ich da-sein werde‹ bzw. ›ich bin da, der ich da bin‹, oder vielleicht: ›Ich bin der, der dasein wird ... Unsere Deutung von Ex 3,14 im Sinne von ›Ich bin da und werde da sein als dein helfender und heilvoller Gott, was auch geschehe‹ ...«: *A. Deissler,* Die Grundbotschaft des Alten Testamentes, Freiburg im Breisgau 1972, S. 50f.

[27] *A. Schrettle,* Thema Befreiung – Erlösung, Wien 1976, S. 103.

[28] *V. Kast,* Paare, Stuttgart 1984, S. 158.

[29] Talmud, Schabbath 119b.

[30] *E. Drewermann/I. Neuhaus,* Der goldene Vogel. Grimms Märchen tiefenpsychologisch gedeutet, Olten 1982, S. 56.

[31] Z. B. das Bad der Hindus im Ganges oder das Bad der Kranken im Quellwasser von Lourdes; s. auch 2 Kön 5,10–14; Joh 5,4; Joh 9,7.

[32] *S. Grof,* Topographie des Unbewußten. LSD im Dienst der tiefenpsychologischen Forschung, Stuttgart 1978.

[33] *E. Drewermann/I. Neuhaus,* Das Eigentliche ist unsichtbar. Der kleine Prinz tiefenpsychologisch gedeutet, Freiburg im Breisgau 1984, S. 39f.

[34] *S. Freud,* Zur Psychotherapie der Hysterie, in: Studienausgabe, Ergänzungsband, Frankfurt 1975, S. 62.

[35] *S. Freud,* Zur Dynamik der Übertragung, in: Studienausgabe, Ergänzungsband, Frankfurt 1975, S. 163.

[36] *P. Lapide,* Mit einem Juden die Bibel lesen, Stuttgart/München 1982, S. 31.

[37] Dtn 4,1; 5,33; 6,2; 8,1; 16,20; 22,7; 30,16.20.

[38] *P. Lapide,* a.a.O., S. 49.

[39] Mekhilta, Bahodesch, Kap. 6, ed. *Horovitz-Rabin,* S. 223.

[40] Siehe dazu auch: *A. Deissler,* Ich bin dein Gott der dich befreit hat. Wege zur Meditation über das Zehnwort, Freiburg i. Br. 1975.

[41] »Was der Verfasser herabsetzend als ›Kalb‹ bezeichnet, war wohl ein Stierbild.« Anmerkung zu Ex 32,4 in: Jerusalemer Bibel, Freiburg i. Br. 1968.

[42] Siehe dazu die meisterhafte Interpretation von *E. Drewermann,* Strukturen des Bösen. Die jahwistische Urgeschichte in exegetischer, psychoanalytischer und philosophischer Sicht. Bd. I–III, Paderborn 1980.

[43] *E. Becker,* Dynamik des Todes. Die Überwindung der Todesfurcht, Olten 1976, S. 268.

[44] *S. Freud,* Zeitgemäßes über Krieg und Tod, in: Studienausgabe. Bd. IX, Frankfurt 1974, S. 60.

[45] *E. Becker,* a.a.O., S. 97.

[46] *J. Scharfenberg,* Symbole des Glücks, in: *R. Riess,* Perspektiven der Pastoralpsychologie, Göttingen 1974, S. 14.

[47] *K. Herbst,* Was wollte Jesus selbst? Bd. 1, Düsseldorf 1979, S. 26 f. u. 29.

[48] *T. Moser,* Gottesvergiftung, Frankfurt am Main 1976.

[49] *P. Lapide,* Mit einem Juden die Bibel lesen, Stuttgart/München 1982, S. 40.

[50] Jes 41,20; 43,1.5; 43,7; 45,8; 48,7; Gen 1,1;

[51] *J. Scharfenberg,* Symbole des Glücks, in: *R. Riess,* Perspektiven der Pastoralpsychologie, Göttingen 1974, S. 11.

[52] *D. Steindl-Rast,* Fülle und Nichts. Die Wiedergeburt der christlichen Mystik, München 1985, S. 31 f.

[53] *B. Hannah,* Begegnungen mit der Seele, München 1985, S. 261.

[54] *V. White,* Gott und das Unbewußte, Zürich/Stuttgart 1957, S. 326.

[55] *H. G. Tietze,* Imagination und Symboldeutung, Genf 1983, S. 203.

[56] Weißt du, daß die Bäume reden – Weisheit der Indianer, Wien 1983, S. 11.

[57] Vgl. dazu: *W. Arrowsmith* und *M. Korth,* »Meine Worte sind wie Sterne – sie gehen nicht unter«. Reden der Indianerhäuptlinge, München 1984, S. 27 ff.

[58] Wer sich intensiver über Methoden der Traumdeutung informieren will, dem seien aus der reichen Auswahl zwei Bücher empfohlen: *S. K. Williams,* Durch Traumarbeit zum eigenen Selbst – Die Jung-Senoi Methode, Interlaken 1984. Dieses Buch basiert – wie schon im Titel angedeutet – auf der Tiefenpsychologie C. G. Jungs. *L. L. Altman,* Praxis der Traumdeutung, Frankfurt am Main 1981. Dieses Buch ist eine gute Einführung in die Deutungsmethode der Psychoanalyse nach S. Freud.

[59] Siehe Anm. 57.

[60] D. *Steindl-Rast,* Fülle und Nichts, a.a.O., S. 31.

[61] H. J. *Clinebell,* Modelle beratender Seelsorge, München 1971, S. 26.

[62] *Abbas Johannes,* zitiert nach: G. und T. *Sartory,* Texte zum Nachdenken – Lebenshilfe aus der Wüste, Freiburg i. Br. 1980, S. 37.

[63] K. *Kertelge,* Suchen was verloren ist, in: R. *Bärenz,* Gesprächsseelsorge, Regensburg 1980, S. 62.

[64] R. *Bärenz,* Verkündigung als Lebenshilfe, in: *ders.,* Gesprächsseelsorge, a.a.O., S. 83.

[65] Siehe dazu: C. R. *Rogers,* Die klientbezogene Gesprächstherapie, München 1973.